U0651165

When

I Count to

Three...

重新发现自我

一位心灵导师的课堂笔记

[加] 克里斯多福·孟 ◎著
吴玲 ◎译

CNS PUBLISHING & MEDIA 湖南文艺出版社 HUNAN LITERATURE AND ART PUBLISHING HOUSE 博集天卷 CS-BOOKY

图书在版编目（CIP）数据

重新发现自我：一位心灵导师的课堂笔记 /（加）克里斯多福・孟（Christopher Moon）著；吴玲译.
—长沙：湖南文艺出版社, 2016.9
书名原文：When I Count to Three…
ISBN 978-7-5404-7710-3

Ⅰ.①重…　Ⅱ.①克… ②吴…　Ⅲ.①成功心理—通俗读物　Ⅳ.①B848.4-49

中国版本图书馆CIP数据核字（2016）第177260号

著作权合同登记号：图字18-2016-123
When I Count to Three by Christopher Moon

上架建议：励志・心灵成长

CHONGXIN FAXIAN ZIWO：YI WEI XINLING DAOSHI DE KETANG BIJI
重新发现自我：一位心灵导师的课堂笔记

著　　者：[加] 克里斯多福・孟
译　　者：吴　玲
出 版 人：刘清华
责任编辑：薛　健　刘诗哲
监　　制：蔡明菲　潘　良
特约策划：张小雨
特约编辑：汪　璐
版权支持：文赛峰
营销编辑：李　群　杨清方
封面设计：张丽娜
版式设计：李　洁
封面摄影：Gerardo Sandoval　Cocu刘辰
出版发行：湖南文艺出版社
（长沙市雨花区东二环一段508号　邮编：410014）
网　　址：www.hnwy.net
印　　刷：北京天宇万达印刷有限公司
经　　销：新华书店
开　　本：880mm × 1230mm　1/32
字　　数：200千字
印　　张：10
版　　次：2016年9月第1版
印　　次：2016年9月第1次印刷
书　　号：ISBN 978-7-5404-7710-3
定　　价：38.00 元

质量监督电话：010-59096394
团购电话：010-59320018

推荐序

学会自己去承担

张德芬

在我灵性成长过程当中，对我帮助和影响最大的老师，克里斯多福・孟当之无愧。在我见过并且熟知的灵性老师中，他也是最朴实、最真诚、修为最高的老师之一。拿到这本书的书稿，编辑原本只期望我能挂名推荐，但是我还是愿意写一篇文章推荐，原因无他，就是太喜欢克老师，也太喜欢这本书了。

克老师推荐我看了《你值得过更好的生活》以及杰德・麦肯纳的一系列灵性开悟书，对我影响至深。而从十多年前认识克老师到现在，他自己也是经历了许多的成长和蜕变。当初他说要写一本这样的书，我便十分雀跃。所以他书稿初成时，我就有幸读了英文原著。而且我还读了两遍（字数多，又是英文，读来辛苦），说明我有多喜欢这本书。

这本书有三大特色和面向，值得向大家推荐。首先，它综合了上面克老师推荐我的两位作者的精华思想，加上克老师本身实践、感悟的心得，真是集各家灵性智慧之大成，但是更为浅显易懂、深入浅出，故事生动有趣，读来爱不释手。其次，对于一般读者来说，这本书很多内容根本就是克老师的上课讲义和个案记录，读一本，等于上了好几个工作坊，太值了。最后，这本书可以说是克老师个人的自传，因为男主人公的经历恰恰都是我所知的克老师曾经走过的心路历程。一个灵性老师真挚诚实而动情的告白，读来令人动容。

书中引用了杰德·麦肯纳举出的毛毛虫和蝴蝶的故事，说明了开悟者和未开悟者的差别。但是克老师更绝，他讲述了一只毛毛虫想跟一位毛毛虫大师学飞的寓言故事，读来令人莞尔。最终，毛毛虫到时候了，自己独处间，化成了蛹，等待蜕变成为蝴蝶。借此，他想表达老师的“无用”。太多人依赖老师、书籍，想要获得灵性成长方面的成就，或是解决一些切身问题。克老师的整本书想要表达的就是：修炼是要自己去承担一切的，老师只能指路，这条路还是要我们自己走，而且还是少有人走的路。

书中把克老师多年上课的精华思想，比如说受害者囚牢、负面情绪的种类等，描述得非常清楚，而且还有图示，真是实用，也让我再度重温了这些耳熟能详的言论。所不同的是，当初一再听老师说，要和自己的负面情绪相处，接纳它们，面对它们，可是我就有本事一直逃。逃到有一天无法再逃的时候，我终于学到了和自己的负面情绪相处的本领。做到了以后，再看这些东西，又是一番不同的感悟！

希望读者你也能在这本书中，获得闪耀在字里行间的智慧，体会克老师用一个自传式的故事分享他心路历程的用心。这是一本毋庸置疑的好书，祈愿更多的人耐着性子好好读完，并且获益良多。

自序

当我数到三

一开始这本书我是为自己写的，我从来没有打算在我还活着的时候让任何人读这本书。过去我写的一切，都关切读者会如何回应我的写作，但这一次我纯粹只是为了好玩而写。

写这本书的过程，我的确是乐在其中！当出版社问我是否有新的书可以出版时，我很犹豫地跟妻子提到了在手上的这本，但当时我认为没人会想去读它。然而，德芬说，她愿意读。一直以来，德芬在生活上不仅是个好朋友，在工作上也不断地给予我很大的支持。当她说愿意读这本书时，我是既感谢又尴尬地把稿子交给了她。阅读了草稿后，她说，这可能不会是一本畅销书，但会是一本使人们受益的重要的书。最后，在经过了她妙手的编辑和校对等一系列帮助后，我终于生产出一本可以拿来印行出版的原稿。

我认为没有人会想要读它，主要是因为我觉得这本书将会挑战人们的种种信念。尽管这本书是与虚构的人物有关，但它是一个我所经历过的体验，以及每一天持续在成长的生命故事。经历当下本身的体验是超越想象和描述的，但这体验是免费提供给在星球上的每一个人的，无论他们的信念或信仰为何。简单地说，因为它是一个超越信念的经验。它是令人难以想象，难以形容，难以压抑……它是妙不可言的！而且它是毫无条件免费地提供给每一个人。

或者其中有一个可能的条件，那就是你必须活着去体验它。

每个人都具有“知道他们是谁”“为什么在这里”的无法想象的能力。这知识不专属于“灵性上先进”的人，并且世间也没有可以带领人得到它的单一仪式、道路或哲理。

这本书提到的“当我数到三”是关于这个事实的一个故事: 真相存在于现在。它没有躲着你，也没对你有什么特别的要求，或者以任何方式来回避你。无论你去哪里，在任何情况下，它都可以被体验，因为它就是你。

目录

目录

When I Count to Three...

序言

2014年5月

当他在回家的时候，他一直在观察着人们、狗儿、小鸟和云彩。这些景物在他的视野中来来去去，就像演员或道具一样出现在舞台上，然后随着下一幕的到来，走下场或被搬走。这些看起来如此真实，而且时间安排得天衣无缝，他情不自禁地想为这杰出剧目的创作者鼓掌。当他记起来创作者真正是谁的时候，他迫切地想要跨出自己所寄居的肉体，向自己鼓掌鞠躬。他就是作者、导演、剧组演员以及观众，他甚至是那些来来去去的道具和动物。一切都是他梦的一部分！

此刻，一个记忆浮现——那次，他的人物角色首次见证了某人被引导进入催眠的恍惚状态。他那时只有十岁，正在看一个催眠的节目。他不记得为什么要让这位男士进入恍惚状态，也分不清这到底只是一个电视剧的片段，还是他在看纪录片。他记得的是，那个当事人坐在客厅的舒适椅子上。当事人在引导下闭上了眼睛，并坠入了某种浅眠的状态。然后催眠师问了他几个问题，他用一种昏沉的音调回答了问题。当催眠师结束询问后，他对当事人这么说道："现在我要数三下，当我数数时，你会逐渐从恍惚中醒来。当我数到三，你会睁开眼睛，并感到非常放松和神清气爽。一！你开始醒来。"催眠师暂停了几秒，然后接着说："二！你更加清醒，并觉知到你周围的环境。"又暂停了一会儿，他最终说出："三！"听到三的时候，当事人的眼睛眨了眨睁开了，然后他露出一个微笑。

此后，当他在上催眠和催眠治疗课程时，经常用同样的字眼把案主带出恍惚状态。老师建议了其他方法，也能让案主恢复意识，但他总是回到这句简单的话，"当我数到三，你就醒过来了"……

第1章

毛毛虫入茧

正是在茧中，毛毛虫的结构彻底地瓦解了。

2007—2008

One 数一：我再也不能忍受无明（not knowing）

数一的时候，他在厨房中。那是2007年的3月，百睿客已经五十二岁了，在此前的二十多年间，他一直是咨询师、生涯教练和个人成长工作坊的教练。他响应了自己的精神召唤，去协助人们发现自己的人生目的和使命——对他而言，接受召唤的这天似乎发生在很久很久以前，甚至可能是前一世的事情。那时，他相信一个人越多地体验到自己真正是谁，这个人的生命就会越加平和、满足及富足。因此，他承担起了各种责任，一人身兼数职：婚姻咨询师、职业咨询师、心灵导师以及心理学和哲学老师。他相信（或可能只是希望）他做这项工作是一种神圣的任命。他从1988年开始，首先在自己的祖国加拿大回应了这个“召唤”，然后经过一系列的巧合与偶遇，他受邀到亚洲、北美洲和欧洲来分享自己的天赋才能。他的工作获得了一定程度的认可和欣赏，也有人向他反馈他帮助许多人改善了生活品质。

多年以来，他经历了许多绝美的甚至是超越性的体验。但是到目前，严重的怀疑已经折磨了他好一阵子，他不知道自己做的事是否有效。他和玛丽亚在厨房中的争论又加重了他的焦虑和怀疑。她曾帮助他看清：他迷失在了老师这个角色的光环中，而且他还开始相信这个角色真的就是他自己！他在想，当我连自己是谁都不知道的时候，我怎么能帮助别人体验他们真正是谁呢？他没有开悟，灵性也不高，甚至也没有受过特别良好的教育。他很腼腆，牢牢地守卫着个人的隐私，而且他从来都没有培养出相当程度的外向型自信，而他那行中的其他人似乎都具备这点。在几乎每个他带领的工作坊开始前，百睿客总是深陷在自我怀疑中。他的案主和学员安在他身上的认可、欣赏和感激越多，他的感觉就越糟糕，他确信自己配不上这样的赞誉。他感觉这些认可就像压力，敦促他去保持或提升自己的“表现”。他是一个有强迫型人格的“讨好者”，这是个性使然，所以他总是担心他会最终辜负大家，即使是一个案主对他的努力表示失望，也会让他备受折磨。

可以这么说，当在他家的厨房里开始数三时，他正经历着一个深重的个人危机，并迸发出了以下简单的话语来表述：“我再也受不了啦。我内在缺失了某样东西，而我甚至不知道缺的是什么，但如果我不能拥有它的话，我宁愿死去。”在那刻，一直蒙蔽着他内在视野的那堵墙，似乎开始瓦解，他能够看见另一个世界或宇宙超乎他的信念。

突然，这堵墙又重建起来，造成了幽闭恐惧症的效果。他再也不能忍受被自己的信念包围封闭起来，因为他意识到，信念只是在表明自己无明而已。不管怎样努力，他就是不能让这堵墙再度消失，他被一股抑郁之情笼罩起来。

他被无明折磨着，并产生强烈的自杀倾向，好在他对妻子和两个孩子（尤其是孩子）的责任缓解了这种感觉。女儿璐曼的去世仍在他的记忆中萦绕不去，他必须竭尽全力给孩子提供一个快乐而安全的生活。在他存在的核心，他仍感到璐曼的死是自己的过错，不是因为他做了什么或没做什么，而仅仅是因为他就是这么个人，他认为厄运是自己吸引来的。当曼纽尔和安杰利娜来到他的生命中时，他发誓他要想尽一切办法，以确保不会有厄运降临在他们身上。不过说起来容易做起来难。每当孩子不开心时，每当他们在学校或在社交生活中有麻烦时，百睿客马上就开始责备自己，并因自己的内疚和无力感而备受煎熬。

他虽然对自己的新家庭有责任感，但这并没有让他强大到去面对自己精神上的两难困境，反而让他更加深陷其中而备感绝望。他推测用不着自杀，光是不明白自己是谁的痛苦持续在内在积累，最终就会导致他的心爆炸！

他设法让自己振作起来，依然表现得像一个高效的教练和咨询师。他的痛苦转为他对案主和学员的真诚关心，但他真的想就此消失湮灭。就这样，数一的过程贯穿了接下来的十五个月。

Two 数二：我厌倦了总是害怕

数二发生在2008年6月。这是一个比较简单然而令人吃惊的经历。那时他站在纽约的时代广场上，正把一些硬币放到一个无家可归的女人手中。突然，他的胸中涌出了一股巨大的力量，就像一阵狂风，风中携带了一个简短的宣言："我厌倦了总是害怕。我厌倦了无明！我受够了。"这里没有苦涩或愤怒，有的只是内心深处的疲惫——这种疲惫源自他终生的深深渴望。自从他有记忆以来，他一直渴望能明确了知，从而驱散他所有的恐惧和担忧。他希望有某种哲学、精神信念、道路，或者某种他可以坚定不移地依赖和信任的事物；他希望有一个支撑他的基础，并且这个基础绝对可靠，从不动摇迁移，从不分崩离析。但他不断地苦恼犹疑，不确定自己是否行走在正确的方向上，或是否在正确地跟随着"正道"——这让他感到失落而焦虑。他将恐惧投射在周围的世界中，总是提心吊胆，害怕有持续的危险，会伤害自己的情绪和身体。在他的工作坊里或进行咨询时，他内心深处觉得：如果他不能持续满足学员和案主对他的期待，他们会在一刹那转身而去，留下他一个人孤零零地咀嚼羞辱的味道。

在接下来的六个月中，厌倦感在他内在悄悄地扩张，但与此同时，他模糊地感觉到有些事正在他身上发生。

Three 数三：就是这个！就这个！但我老早就知道了！

数三发生在马来西亚槟榔屿的酒店房间里。这是2008年11月一天的黄昏时分，再休息两天，百睿客就要开始一个十天的工作坊项目——“远见卓识领袖训练”。他刚开始看一本朋友推荐的书，正看第一页时，他突然抬起眼睛，他……醒来了！

想象一下：你一天晚上上床后睡着了。睡觉时你梦到自己在骑马。你发现自己策马进入了一片阴暗的森林，突然马就消失了。你独自一人，森林看起来比以往更加阴森险恶。你沿着小径走到一座房屋前。你一下子就处于屋内了。这个房屋看起来像博物馆，挂满了名画，不知怎的，你知道这些画都属于你！现在你非常富有，是你以前想都不敢想的！突然，大地动摇，一只大熊追着你，你乘着滑雪板，沿着山往下滑。但是你下面并没有雪，你确定自己要摔倒了！然后你内在某个东西咔嗒一响，你明白过来你是在做梦。你还是想拼命地逃离大熊，努力地在无雪的斜坡上开辟路径，但你意识到了没有一样是真的——一切都只是一场梦。你既害怕，又不害怕；你甚至有些享受这种恐惧。

现在再想象一下：你坐在剧院里，观看台上催眠师的表演。他向观众介绍自己并解释催眠。他问有没有志愿者，你就把手举了起来。舞台助理选了你，你被带到台上，和其他十来个志愿者一起。你证明了自己是最佳的被催眠人选，并进入了一个很深的恍惚状态。在恍惚中，你确信你并不是之前过了一辈子的那个自己。现在你是莫斯科芭蕾舞团的演员！你随着《天鹅湖》的音乐，在舞台上心醉神迷地跳跃，还做足尖旋转。你的弯曲和旋转动作可能笨拙，但你完全陷入了这个角色并认为这是真的。但当催眠状态解除时，你回到自己的真实身份，你不记得发生了什么，但你的同伴在向你描述你的表演，还笑出了眼泪。

这些是百睿客·肯尼迪想出来的比喻，用来描述发生在自己身上的事。在上一刻，他照常过着生活，希望获得足够的经济保障来支持孩子上完大学，努力成为更好的咨询师和工作坊导师，探索如何保持婚姻中的和谐与爱，并挣扎着去发现自己真正是谁。而下一刻，他就醒来了，催眠的法术失效，每件事都绝对地改变了。

他在厨房的经历已经让他明白，他一直住在一个信念的囚牢中——这些信念与他自己以及他所生活的世界相关。现在，信念的牢墙似乎又开始解体，不过这次解体看起来更深刻更完整。他感知到，这种新的觉知是永久的，他觉得自己已然经过了生命的某个临界点，此后没有回头路可走。这里有种清晰度是他从未了知的。

在过去，他经历了受启、神秘洞见、异象的启迪、显灵，还有一些可以称作开悟的短暂片刻。每个这样的体验都伴有某种感受，比如感到扩展、极乐、清晰以及敬畏。不过，在他从恍惚中醒来时，没有一个这类的“连带效应”出现，可能除了清晰以外。但即使是清晰，也和他所谓的“灵性体验”不大一样。事实上，很明显地缺乏任何特别效应。云彩没有分开，为号角或天使合唱团开路。他也没有听到天乐，没有看到比灿烂千阳还要亮的光芒，或尝到从天界之泉满溢而出的甘露。他没有看到神的脸，甚至没有从椅子上飘浮起来——可能除了去再拿一杯茶之外（但他很肯定这是靠他个人之力完成的）。他心灵澄澈。

事实上正是因为缺乏魅力——缺乏戏剧感或特效——才使得觉醒体验对他而言显得如此真实。数十年来，他读了他该看的身心灵书籍，里面描述了达到意识的超觉状态，而且他估计如果他有朝一日能发现自己真正是谁，他会至少体验到书中描述的现象之一。但是，他的觉醒体验和他之前所有的想象大相径庭。它很简单，非常简单：百睿客·肯尼迪，你并不是你自己所认为的那个人。关于你自身、你的生活和这个世界的所有信念都不是真相。你不是百睿客。你不是为了帮助提升这个星球的意识而化为人形的神之子、天使或外星人。你不是一个老师、富有远见的领袖、疗愈师或其他任何你可能赋予自己的冠冕堂皇的头衔。你并不是从恩典跌落下来的灵魂，你没有被天国拒绝，也没有犯下什么可怕的罪行。你实际上是……就在那时，信念之墙在他面前分崩离析，他可以看见了。似乎他正向外看着不断扩张的宇宙，语言在那里没有用处，取而代之的是“存在”的简单体验。

再一次，他最深信不疑的理论之一暴露出来，而这其实是个谎言：人类必须努力挣得一条道路，以通往天堂、开悟、涅槃或他们相信的任何一种灵性目的地，而且他们需要一个老师的指引才能到达。他十四岁时就热切渴望着了知真相。这种热望包括对持久平和的向往、了知自己是谁、有清楚的人生目的，并解释清楚为什么世界上和他内在有这么多的痛苦。

他不断与这些人生问题较劲，然后得出了结论：他必须通过肉体和精神上的修持和精进来找到真相。因为他并不精通这些领域，他意识到这个探索过程的关键是找到一个完美的老师。这也不是一个好消息，因为他是一个尽人皆知的坏学生。不过，这进一步强化了他的信念，那就是为了探寻真相，一个人必须拥有知识、纪律、一位强大的老师和对这条道路的奉献精神。百睿客估计如果这个信念是正确的，那么人生将会一直是一条艰难的上坡路。不过，幸好他还相信，对不折不扣的真理追寻者而言，受苦和挣扎是他们寻道途中不可或缺的元素。

百睿客读了不少引人入胜的书，里面讲述的是普通人遇到了拥有惊人智慧、力量或能力的神秘老师，而且老师愿意向这个普通人传授“大道”。这类故事的一个例子是《和平勇士的智慧之道》（*Way of the Peaceful Warrior*）。在书中，作者丹·米尔曼（Dan Millman）遇到了一个叫苏格拉底的神秘智者，他让丹的心智向其他的实相维度敞开，并传授灵性之路。当然这位苏格拉底从来就没真正存在过，但百睿客觉得作者创造出这个人物是为了分享一个基本信息：你所寻觅的答案在你之内，但你需要外在的某人为你指出来。而且，这个老师能帮你疗愈旧伤、转换你的信念、净化你的身体和心智，这样当真相之光最终向你显现时，你就能认出并持有这道光。

在百睿客接触到和平勇士之前，他一直着迷于卡洛斯·卡斯塔尼达（Carlos Castaneda）的书以及书中唐望（Don Juan）的教导。唐望是一个萨满老师，在他帮助卡斯塔尼达了解自己真正潜力的过程中，他打开了作者的觉知，使其进入了许多维度并拥有了很多神秘体验。故事不一样，但主题是相同的。

百睿客喝完了那杯茶，走到酒店窗户前，从二十三层楼的高度向下看，欣赏着槟榔屿的海滩风光。他止不住地微笑起来，因为他意识到，他一辈子都处在徒劳无益的追求中，而且令他惊讶的是，他多么全然地相信这个美好奇妙的谎言。几个简单的字跳入了他的大脑：你就是那个你一直在寻找的。也许在这个世界中有老师、疗愈师和灵性领袖的位置，也许遵循一条特定的道路并进行特定的修炼有些意义，但这些并非必要——没有这些，你依然可以体验到从恍惚中脱离，从梦中醒来，看穿这个世界的幻象，而不管它是如何被描述的。世界上没有任何人或任何事可以向你展示你的本来面目，你也不能做、说或者想任何事情来赚得真正的快乐。要体验那个无条件的东西——这件事本身是没有前提条件的！在挣扎了四十年后，他终于醒来并认识到了真相，而这和他所有的努力都无关。

在他继续从马来西亚的酒店窗户往外看时，百睿客开始意识到跳出恍惚状态的另外一个作用。这不仅涉及对真相的觉知，对非真相的觉知也在不断增长。

“嘿，凯恩，我希望你没有在睡觉吧。”彼得·凯恩是个夜猫子，很少在中午前起床。对他而言，早上是发生在别人身上的事。

“没有啊，我差不多半小时前就醒了。”

“有意思，我也是的。噢，事实上我几小时前就醒了。”

“什么？你那儿不是晚上吗？”

“差不多——现在大概是七点半。”

“所以你这么晚还在打盹啊？你是不是还在倒时差？”虽然百睿客和他的朋友已经好几个月没有见面或通话，但他们的对话马上就滑入一种如此自然的韵律，就像他们一直都保持着定期沟通一样。他给彼得打电话是因为他们早期有很多年都在一起共同“寻求真相”，他觉得理应和朋友分享自己的最新体验。

“不，我指的是真的醒来了。”百睿客解释了他刚才一直在经历的。在他讲完后，电话那头有很长一段时间的沉默，然后彼得才再度说话。

“你怎么知道的呢？”他最终问道。

“我就是……知道，我猜。”

“这里不容猜测，肯尼迪。”

“我不知道该如何解释。我在用语言描述我所不能描述的东西。我是说，这就像我知道我在做梦一样；这整个世界都不是真的——”

“得了，得了，”彼得打断他，“世界是个幻象，而且时间空间都不存在。我们三十年前就听过这玩意了。”

“这次不一样。”百睿客坚持说，“这次不仅仅是抽象的信息。”

“哦？不一样在哪儿？”

“我不确定。真是太奇怪了，皮特[1]。在某一方面，我是通过这双眼睛在看；但在另一方面，我是在这个通过这双眼往外看的男人

① 译注：彼得的昵称。

背后。一方面，我觉得好像我的整个世界都天翻地覆地变化了；但在另一方面，每件事看起来好像完全一样。”

“砍柴挑水？”

“什么？”

“你知道的，古老的佛教、印度教、道教或不管哪儿的说法——开悟之前，砍柴挑水；开悟之后，还是砍柴挑水。”

“我从来没搞懂这说的是什么。”

“我也没有，”彼得边打哈欠边承认，“没准是砍水挑柴呢。”

“哦，是的，现在我算懂了。”百睿客讽刺地回答道，“但我不认为这是开悟。我不知道这是什么。我的意思是我有过各种各样的震撼体验，和嬷嬷尊母（Mama Ji）在一起，和究主（Garth Xavier）在一起，还有——”

“更不用说迷幻药、佩奥特仙人掌[①]，还有你吃的大量的神奇蘑菇了[②]。”

“是的，不过那些都是暂时的。我们会在嬷嬷尊母的脚边或在工作坊中，或甭管什么情况下变得很兴奋，然后不一会儿就都结束了。虽然我不确定，但这次感觉不同。”

“怎么说？”彼得问。

“它的发生没有任何原因，至少我看不出什么原因，而且，这次感觉它会持续下去。”

---

① 译注：具有致幻作用。

② 译注：迷幻性菌菇类。

“噢。”电话的那端在十到十五秒内就只有这么一个词轻轻吐了出来，然后彼得接着说，“你当然知道我根本搞不清楚你在说什么，是吧？”

“还有一件事……”百睿客补充道。

“什么事？”

“你知道我们从那些书中，从嬷嬷尊母、究主以及其他老师那里学的所有东西吧？”

“那又怎么样？”

“嘿，我也不太肯定，因为这一切对我而言还是太新了，不过……”百睿客有点迟疑是否还说下去。

“嘿，别担心，我也没有把它录下来拿到晚间新闻去广播。”

“嗯，我认为它们全都是谎言。”

“啊，全都是？你读过的每本书，还有每位老师或大师说过的每件事——全部都是谎言？嘿，百睿客，我可是绝对愤世嫉俗的，不过你看，就连我都很难接受这点！”

“哦，好吧。也许并不全是谎言。我肯定他们说的话中有某些真相，但这些真相就像撒在沙漠上的面包屑一样。哪怕是找一点面包屑，你都得做大量的筛选工作。不管怎样，最大的谎言之一就是你得做点什么才能有这种体验。其实正好相反，什么都不做似乎才是关键。”

“什么？你是说我只用坐在那儿，它就会自动来找我？”

“为什么不呢？我记得玛丽亚多年前告诉我，诸如‘我是谁以及我的人生目的是什么’这样的问题是突然闪现在觉知中的，那为什么答案就不能以同样的方式出现呢？”百睿客一边说，一边在思索玛丽亚还与他分享了多少智慧的结晶，但他当时充耳不闻。他开始怀疑，当他东奔西跑，追着一个又一个老师的时候，他最伟大的老师却在家里等着他。

“我生命中很多时候也是坐下来什么都没做，”彼得说，“但我怎么就从没醒过来呢？”

“我不知道，凯恩。该死，我并不知道所有的答案。”

“你似乎什么答案都没有。”彼得还击道，“但我得承认，你听起来确实不一样了。跟我多说些你的体验吧。也许通过潜移默化我也能有这些体验呢。”

他们又聊了一会儿，但很明显，发生在百睿客身上的事，是不能仅通过讲述而转移到他朋友身上的。彼得最终以给孩子做午饭为由而告退了。一挂电话，百睿客就回到了窗边，看下面的海水拍打着沙滩。人们沿着沙滩行走，小火在这里燃起，这是当地的马来人在准备简餐。与此同时，海洋微风习习，温柔地缓解了酷热，而炎热是地球上这片地区不变的特色。很完美。一切都显得绝对完美。

When I Count to Three...

第2章 在两个世界间游走

有的人走这条路，有的人走那条路，但于我而言，我喜欢捷径!

——刘易斯·卡洛尔[1]

① 译注:《爱丽丝梦游仙境》的作者。

2008年11月

百睿客一辈子都活在催眠的恍惚中，所以这个被他称为“醒来”的经历会带来什么样的影响是他无法预见的。到此刻为止，他所学的每样东西都可以整合到之前学习的内容中，从而形成更加全面不过也更为复杂的哲理，但是这次明显的意识转换与他之前所学的任何内容格格不入。他还不知道这是一个巨大解构过程的开端，他所相信的每个谎言和幻象都会被揭露曝光。他突然想到，在这种状态下，他所理解的“学习”已不再需要了。在他之前的生命中，他的印象是当他知道真相时，他就自由了，不再会有问题、不适感或挣扎或恐惧；他会单纯地超越所有这些世间的事情，并活在永恒的极乐与平和中。真正发生的没有这么耀眼夺目，却更加令人叹为观止。

想象一下你是一个工作坊的导师以及公众演说家，在经过了二十年的全球巡讲后，你获得了一定的公众认可度。有时候，你会成为电视和电台节目的嘉宾，你也写了一些书，正在享受成功带给你的安全感。你的学生和案主们爱你、尊敬你，他们还经常告诉你，你的教导是如何奇妙地改变了他们的生活。你在物质上的积累、你结交的许多朋友、你在婚姻中的行为举止以及你惯常的生活方式——这些在很大程度上归因于一些你不但教导还在生活中实践的原则。

然后想象一下你一天早上醒来，认识到这些原则——或这些原则的大部分——不再有任何意义了。你会有什么感受？你会想什么？你如何继续干你的工作？这就是百睿客所面临的两难，此时他正在为第二天早上面对学生做准备工作。

“我能跟他们讲什么呢？”他问自己的妻子玛丽亚。之前他刚向妻子解释了在他身上已经发生并且还在继续发生的事情。

“你不能教你一直在教的东西吗？”她提议。

“但是哪些部分是真实的，而哪些部分只是信念呢？”

“重要的是学生相信什么，而且他们来找你要学什么。”玛丽亚提醒他说。

“是的，不过……”百睿客费劲地想找个词表达，“但是如果我讲得好像信念是真实的一样，我就是在欺骗他们。”

“嗯，不过有些信念比其他信念更真实些，不是吗？”

“不对！没有任何信念是真实的。积极的信念、灵性的信念、有爱的信念、负面的信念……它们都只是信念而已。我们利用信念来填充我们未知的领域。灵性的信念并不比最糟糕的负面信念更接近真相。”

“哦，得了吧！你是说相信宽恕并不比相信复仇对你更好？”玛丽亚挑战他的这个问题，有时他也会这么问工作坊的学员。

“我并没有说更好或更差。当然如果我所有的一切只是信念的话，我宁可要有爱的、快乐的信念。这是我的毕生事业。我说我在帮助人们发现他们自己真正是谁，但事实上我只是一个‘信念交易商’，我在试图用更加良善、更加有爱的信念来代替那些似乎让他们受苦的信念。我的意思是，一个有爱的信念并不比一个仇恨的信念更加接近真相——真正的真相。没有任何信念是真的。当然，如果我必须在眼前放上什么东西来挡住视线的话，我会更喜欢一幅美丽的图画，但画还是在挡着我的视线。”

“但也许你的学生所拥有的一切就只是信念。也许他们来你这儿是让你帮他们做出更漂亮的眼罩。听起来好像你在说相信任何东西都是错误的，我们不应该有任何信念。我不知道，百睿客，我觉得这听起来有点评判的味道。”

“我并没有抨击人们的信念或意识形态！”百睿客注意到自己提高了嗓门，通常他觉得需要防卫或者被误解，尤其是和玛丽亚相关时，才会这样讲话。他停下来深吸了一口气，提醒自己妻子在任何时间讲出的话都是最恰当的。“我对评判他人不感兴趣。”他平静地说道，“我也不会对那些所谓的‘虚掷的岁月’耿耿于怀——那些年我追随着上师、老师和疗愈师，并相信他们所给出的一切信息。我真诚地承认我获得的所有教导是有意义的，哪怕99%的教导都不是真相。在我生命最黑暗的时光，这些教导给了我许多安慰、支持和希望。当我告诉你，我并没有评判这五十三年以来一直笼罩着我的谎言和幻象时，你不妨相信我说的话。只是现在我知道它们不是真实的，我认为我不能再接着去宣传这些，即使这是我的学员想要的，而且是期望我给他们的。”

“你刚才说在自己的黑暗时期，你所教的哲理给了你安慰和支持。嗯，也许这就是你的学员现在想要的。”

“有成百上千的老师可以给他们教这些。我不认为我还能再教下去。”

“那你准备做什么？”她问道。百睿客注意到她声音中的神秘音调。

“我不知道，玛丽亚。我感到我在两个世界之间游走。我感受到手中的电话，我的感官也告诉我这是真的，但同时，我的觉知似乎位于另一个能看清幻象的世界。当我不用眼睛的时候，我能看见这里的这个世界仅仅是一张全息图——像电脑制作的虚拟现实，一个设计精良巧妙的3D图像。但是我的眼睛记录了我所相信的，即这个世界是真的。我似乎还是有我所有的信念，但是它们已经不像以前那样愚弄我了。我说的这些有意义吗？”

“事实上”，玛丽亚叹了口气，“我一直在琢磨我最近怎么回事。现在开始有点头绪了。”

“你是什么意思？”

“我不知道具体是从什么时候开始的，但是几个月前，我开始觉得很古怪，而且……有点迷失方向。我当时认为我只是有点头晕，可能是低血压或类似的状况。但是几天之前，我开始有了非常奇怪的感觉。”玛丽亚回应的声音有种近乎空灵的特质，“我不知道为什么，但是我开始觉得我实际上身处梦境——好像真正的我在某处的床上，这一切都是我做的梦而已。我听到了电话那头传来的声音，但是我不肯定你是不是真的在那里。你只是我脑袋中虚无缥缈的声音。就好像我去睡觉了，而现在我正在做梦，梦到我在这个厨房里，我结婚了，有两个孩子，但是……这一切都只是一场梦。说真的，我曾担心我是不是疯了。我再也不知道我是谁；我只知道我不是那个我曾经以为的自己。”

“就好像，你是蝴蝶，但以前认为自己是毛毛虫，对吗？”

“是的。”玛丽亚同意，但接着又改变了主意，“不，不完全是。我不知道——更像是你说的在两个世界间游走。我感觉我不完全是这个，也不完全是那个。也许我在过去四十五年一直是毛毛虫，现在我在茧里了。天哪，我到底在说什么？”玛丽亚突然哈哈大笑起来，很快，她的丈夫也随之轻声笑起来。玛丽亚接着说：“你瞧，我们要为此创造一个全新的语言了！”

“谈到新的语言，也许你能帮我上网查一下亚马逊和Chapter，看看它们有没有关于这个主题的书，这样我能找点教课的灵感。”他入住的酒店的缺点之一，就是酒店房间里还没有安装上网设备。

“我不知道，百睿客，你确定你不想再用他们的话语了吗？你不想再复述这些话——你以前就是这样重复究主、嬷嬷尊母和其他人的话的？”

“你真了解我啊。”他暗自思忖。她强烈地意识到他容易被“老师的魅力”彻底征服，他会吸收他最新师父的言辞甚至是举止。

“唉，别的我还能做什么？我没法教我明知道不是真相的东西。还有我之前常用的那些疗愈技巧，也不知道怎么弄好。我知道宽恕是幻象，观想实际上也不起作用……我觉得自己像一个没有任何工具的木匠！”

“也许你不应该再当木匠了。”

“你这是什么意思？”百睿客镇静地回应，但突然觉得有点害怕。

“你或许需要学习如何用更少的工具来建造。也许你过去教的大部分东西已经不再适用了，但也许你的工具箱中还有一些留下来的东西是可以接着用的。”

“但是……”百睿客本想驳回他妻子的最后一句话，但又住口了。有很多次他妻子给他建议，他通常是置之不理，因为建议不是来自一个正式的“老师”。也许，仅仅是也许，她的答案比他认为的要靠谱。“好吧，我会瞧一下我的工具箱，看还有什么剩下的。该死，我希望我只是带一个四天的工作坊！十天的时间真是太长了！”百睿客等待着，希望他的妻子能软言相慰，但她一言不发，百睿客感到非常愤慨。

“每当你这样讲话时，我都感到非常无助。”玛丽亚最终开口了，“一般，你让我感到无助，我会非常生气。”

“那又如何？”百睿客脱口而出。

“我不想吵架，所以我猜，我只能试着接受无助的感觉。不然我还能做什么呢？”玛丽亚的回答让他怒气顿消。随着吵架的能量耗尽，他也觉察到了自己无助的感觉。他回想起他会经常告诉自己的学生，每当一对伴侣进行权力斗争时，双方的感受是完全一样的。我估计有些原则在觉知状态下还是适用的——他这么想着。

“是啊，我很抱歉。”百睿客告诉妻子，“我只是很害怕，仅此而已。我真的觉得我的一生都在催眠的恍惚状态中，而现在有人打了个响指……我就不知道该如何继续下去了。恍惚是目前为止，我所了解的唯一状态。”

“是呀，我现在可知道毛毛虫的感受了。”玛丽亚说道。

“这是什么意思？”

“还记得安吉[①]做的学校作业吗？”百睿客的妻子指的是几年前，他们女儿的房间里摆满了大玻璃罐，每个罐子里都是不同类型的毛毛虫的茧或蛹，这些最终会变成蛾子或蝴蝶。“一旦这些毛毛虫在茧里头了，它们会变成糊状物——它们在蜕变前会被完全摧毁。”

他们又谈了一会儿后互相道别，然后，百睿客又走到了窗口。他这次对下面沙滩上的活动不感兴趣了，而更愿意看向从海岸向外延伸出去约二百米的一座孤岛，并想象着在岛上的生活会是何等光景。他的思绪飘到以前的那些老师身上。他意识到如果他还是处在恍惚状态中，一旦他发现老师误导了自己，他会有被背叛的感觉；但是他并没有感到愤怒或苦涩，他反而对每位老师都满怀敬爱。他和他的老师们成了同伙，在不知不觉间支持彼此好留在灵性的记忆中，并对真相毫无觉知，一直到他该停止这个游戏以进入下一次人类探险的时间到了。他从窗边走开，把那天剩下的时间都用在检视自己的工具箱上。

第二天早上，百睿客乘电梯下来，还是不太明确他到底该给翘首以待的学生们讲些什么。他相信事情无论如何会有进展的，即使这会导致职业上的自杀——他认为还真有这种可能性。电梯门开了，他走了出来，向左转，然后顺着过道走向工作坊的房间。在他踏入之前，这个房间并不存在，只是全息图的另外一个部分而已。他不是蝴蝶，也不再是毛毛虫。他已经进了茧，是一个在两个世界间游走的男人。

① 译注：安杰利娜的昵称。

第3章 找到表达的语言

我一直都想对你说些什么，但是不知道如何表达……

——葛洛莉亚·伊斯特芬

因为百睿客几乎找不到词来形容他的体验，他想用惯常的方式作为工作坊的开头——介绍一下大家要学习的主题，回顾一下他过去几年一直在研究的课题，同时也为新学员介绍他工作的基础性哲理。他打算从熟悉的内容开始讲，虽然他知道这并非真相；然后随着时间的进展，他会揭示哲理、信念和模型的本来面目。根据这个基本计划，他开口向这个班的学员打招呼。班上有六十名左右的学员，大部分是华裔的，还点缀着几位马来西亚人和印度人。他欢迎大家来参加为期十天的“远见卓识领袖训练”工作坊，接下来……

什么都说不出来啦！他很惊诧，也有些恐慌。他试图挤出一些计划好的带课用词，但最终只是盯着房间里的人，嘴巴慢慢地开合了几次而已。现在他知道，有座桥被烧毁了，而他所有的工具基本上都遗弃在了对岸。他检视着自己的智力背囊，想看看里面还有什么教学模型适用于他当前的意识状态，但他发现的大部分东西都是他在过去几天获得的启示，以及在他生命处于催眠状态的整个阶段中，来到他身边的各种提示、线索和真相的片段。

他一边走到白板前开始写字，一边在心里对自己说：唉，百睿客，跟你的职业生涯说再见吧，如果十天下来还有一个人剩下的话，就很了不起啦！不过，他背囊里的几个素材不知怎的全部汇合起来，涌入右臂，顺流到了手上。文字似乎从绘图笔中涌出，呈现在白板纸上。

真相的原则：

1. 你并不是你所认为的那个人。

“你不是你从出生以来就一直向世界展示的那个人。”百睿客说道，同时，一个双语工作人员将他写下的话翻译成中文写在白板上。

2. 你是一个“妙不可言的存在”。

“事实上你是一个无与伦比的存在——无法仅用语言来定义，虽然我们也可以用些字眼，比如无尽的力量、无限的智慧和才智、无条件的爱、纯粹的喜悦等。”

3. 你正在经历一种“人类体验”。

“在你的无限智慧、才智和力量中，你创造出了一种不可思议的冒险，叫作‘人类体验’。”

4. 你创造了一个虚拟现实——这个世界！

“为了完全投入这份体验，你创造出一个世界，充满了似乎无穷无尽的细节。”

5. 你把你自己催眠了。

“你将自己催眠，遗忘一切，这样你就可以愚弄自己，让自己充分经历做人的一切体验。”

6. 然后你成为“你”。

“在灵性失忆的状态中，你成为一个特定的人物，配上了各种概念限制、强迫症、痴迷、执迷、上瘾以及有重复性、可预测的行为。”

7. 你将人类体验划分为不同阶段。

“因为你实际上是完美的，所以你的人类体验的设计也是同样完美的。你不仅仅创造了遗忘的体验，你还将其他阶段也包括进来。”

8. 第一阶段：在生活中，你是自己故事的主角。

“所以，你忘掉了你真正是谁，在生活中就是一个人物角色，有名字、历史、特定的个性，还有某些富有创造性的天赋和才能——正是通过这个独特的身份，你想去充分体验这一切。”

9. 你创造了一个配角阵容。

“如果没有一大套配角班子的话，自己做戏里的明星又有什么意思呢，对吧？”百睿客微笑着，他一边讲，一边热情高涨，“为了让你的故事完美无缺，你使自己周边围满了家人、朋友、老师、社会等，他们以一种特定的方式对待你，以强化你的自我概念。”

10. 你经历的问题、危机、成功和意外都是预先设计好的。

“发生在你身上的每件事以及你的生活方式都是完美设计好的，以帮你维持自己的失忆状态，让你更深深地确信你就是你自己以为的那个人。这些都是第一阶段的一个部分。”

11. 第二阶段：你醒过来并意识到你是你。

“更准确的说法是，当你第一次从催眠中醒来时，你意识到你不是你。这一点都不是智力体验；这是一个深刻的了知。”

12. 你看清了幻象。

“也许幻象这个词对你而言过于熟悉了。你可以说你看待这个世界就像虚拟现实一样，像电影《黑客帝国》中的电脑模拟，或者像迈克尔·塔尔博特（Michael Talbot）在他的著作《全息宇宙》（*The*

Holographic Universe）中提到的全息图一样。全息图是使用激光光束创造的三维图像。

“我有一次去参观科学展时，进入了一个房间，看到房里有个鞋匠在修鞋。我觉得很奇怪，在科学展上怎么会有鞋匠，但当我走近时，我发现这是一个惊人的全息图像，我可以用手穿过它。但它看上去如此坚实，在我手穿越之前，我还真以为我会碰到鞋匠的上衣呢！有人告诉我图像是从‘上面’投射出来的，并指了下天花板上的一个盒子。他说图像其实在盒子里的某种金属盘上。这整个世界都是一个完美的全息图，投射自你这个无限存在的心智。即使是你们，在那里坐在椅子上，也是一个全息投射。让你认为你真的在这里的原因，是你被自己的信念蒙蔽了。”

信念——所有信念——均非真相

百睿客停下他的演说，觉察到班级中的不安感在蔓延。有些学员在笔记本上写东西，而其他人在盯着板书，脸上写满了“那又怎么样？”的表情。他内在的焦虑感升了起来——他有充当讨好者的强迫症，如果不能让每个人在所有时间都开心的话，他会因此备受折磨。他意识到，他一直在悄悄地希望他只用说一句话，“数到三，你就会从催眠中醒来：一、二、三！”，然后每个人就能拥有和他一样的体验了。他知道这只是一厢情愿而已，他完全明白这种体验是任何人都无法教授或赋予的。现在他的两个世界分别是岩石和硬地：他不能教没法教授的东西，而学员也不能学习他们在内心已经知道而必须在意识中体验的东西。他被无意义和无助的感觉淹没。他想不出其他事可做，只能接着前进——只要张开嘴，看看会说出什么，百睿客。

“在我来这个工作坊的路上发生了一件有趣的事，”他开始说，“我以前关于自己、世界、灵性道路、婚姻、金钱——所有这些玩意——都有信念，我意识到这些信念没有一个是真的。不仅如此，这些信念实际上与真相正好相反。就让我们看一下信念是怎么组成的吧。”百睿客回到白板，翻到了空白的一页。

信念 = 图像 + 想法

“这是我们对信念的典型看法。”他微笑着，“你可能说这是我们对信念的信念。”他等着翻译把这个不算搞笑的笑话翻译成中文，因为班上有些只说中文的学员。无论是英文还是中文，都没人觉得好笑，所以百睿客很快地往前推进：“但要让信念有影响力的话，它需要有动力源。具体而言，它需要把感觉加进这个公式。所以我们得出了……”

信念=图像+想法+感觉

“现在，根据你在此生要有的独特个性或人物角色，你的核心信念已经设计并创造出来了。但组成信念的感觉、想法和图像实际上是具有普遍性的。每个人都感到孤单或无价值，而这些孤单和无价值的感觉在每个人体内都是完全一样的能量，即使你体验和处理它的方式可能是独特的。你的核心信念都和被称作‘小我——身体认同’的东西相关。你那时还是个小小的婴儿，冒出了你的身体就是你自己的想法。最初，你通过自己的感官来体验世界，但逐渐地，你也开始通过你的信念来体验你自己和周边的世界。”我到底怎么知道这些的？百睿客一边这么想着，一边接着说下去。

“一个一岁的小孩如果认同自己的身体以及随之而来的所有脆弱性，那么她会如何看待自己呢？她可能得出结论‘我又渺小又虚弱’。”当你把无力的感觉加上去的时候，你就得到了一个非常令人信服的核心信念了。此外，在你的小戏剧中还有其他演员——你的家人，他们对待你的方式会支持这个信念。他们对待你弱点的相应方式，证实了你的确就是一个无力的人。

“所以现在我们的一岁小孩就有了图像、想法和感觉了——这些是核心信念的基础，而锦上添花的重头戏是她的家人演出的，他们作为配角来协助强化这个信念。”突然，百睿客觉察到了他的周边环境。他意识到他一直忙于监视脱口而出的话语，而没有注意到大家对这些话的接受度如何。从许多学员沾沾自喜的肢体语言中，他意识到他说的大部分话是以前也讲过的，因此现场听众，尤其是那些老学员对这个内容很熟悉，他们多半在想百睿客又在讲信念是如何创造的那老一套东西了。在接着讲下去前，他内心想：好奇怪啊，他们看上去好像都听过这些了，但是我觉得好像这是我第一次教一样。

“以前我跟你们讲的是，在你人生中发生重大事件时，你所做的选择导致了信念的产生。当你还是孩子哭着要母亲时，她没有及时来到你身边安慰你，于是你选择相信自己是不重要的。当同样的事情发生了若干次后，你的信念变得更加坚固真实。为了处理自己不重要的信念，你将它从觉知中推出去，塞入了你的潜意识中，然后着手打造次要信念来对抗主要信念。你采取了某种态度，比如‘我必须努力工作来证明自己的重要性’，或者你可能决定，‘如果我表现得像个小丑把我母亲逗乐了，也许她会更爱我，这样我会觉得自己变得重要了’。这是个伟大的理论，在逻辑上也是说得通的。”百睿客停下来琢磨了片刻。他不是在琢磨他是否应该继续，而是好奇他会如何继续，因为他现在确信，无论今后十天会发生什么——还有这后半生会发生什么——都远远超过了他个人的控制范围。

“然后，当你年长一些时，你发现在你生活的某些领域，你面临着反复出现的问题。也许是你的健康、婚姻、工作或财务状况，在这些方面，你一而再再而三地遇到同样的困难。所以你来到一个工作坊，听到像我这样的家伙告诉你，问题来自你童年产生的信念，这个信念就是你是不重要的。我们钻到你的潜意识中，并发现了那个信念是何时以及如何形成的。我引导你穿越潜意识的迷宫，并通过此过程，我们将这个信念转换成‘我是个重要、可爱的人’等类似的信念。理论依据如下……你生命中的问题是由一个核心信念引入的，该信念被压抑在你的潜意识中，一旦将其转换为一个更为正面、有爱的信念，问题要不就会从你的生命中消失，要不你会发现解决它的办法。”他走到白板前，用简单的词句来阐明他刚才所讲的内容。

问题（反映信念）

信念

疗愈信念（宽恕、理解、爱……）

问题消失（自动消失或通过你的回应消失）

“但如果所有这些哲理实际上都不是真的呢？”他问道，一边更换白板槽上的记号笔，“如果你生命当中每件事绝对都是完美设计出来并符合一个特定目的的呢？如果在真相中，你是具有无限力量的存在，你完完全全创造了你——坐在那把椅子上的那个人——的所有体验，只是为了去看看感受如何呢？”噢，噢，百睿客冒出这个念头，我真是彻底把事情给搞砸了！但他没法让自己住嘴。

“如果你本来没什么问题，只是一个劲地认为自己有问题，还花时间去努力改进、疗愈、修正或超越自己呢？这就是人类在做的事，不是吗？我们总是试图去做更多、拥有更多、成为更好、变得更成功或更强大，不是吗？但当我们沉溺于追逐这些高远目标的时候，我们实际上在表明自己的什么方面呢？当你花时间去证明你有多伟大，你实际上在表明什么呢？有人知道吗？”他把这个问题抛向了学员。一个年轻男士举了手，工作人员给他递去了麦克风。

“你是说我们不应该努力变得成功或强大吗？”

“不是的。让我从另一个角度讲吧。谢谢你主动回答，顺便，嗯，我们看下……”百睿客走近这位男士，以看清他的名字，“詹姆斯。你为自己设定了什么重要目标呢？”詹姆斯是一个华裔马来西亚人。他想了片刻后开口了。

“我想生意成功。我去年刚开了一家公司。”

“什么样的公司？”

“售卖汽车部件。”

“那你认为需要花多长时间，才能达到你想要的成功呢？”

“我也不知道。也许五年或六年，到我可以创造五百万马币的收益时。”

“好，比如说我们五年达到目标了。”

“说四年好了！”詹姆斯插了一嘴，引起班上一片笑声，“这就是为什么我来参加这次工作坊——看看我能不能更快实现。”百睿客的胃部紧缩了起来，以往每次有学员向他表达对他的期望时，他的胃都会这样。

“好吧，成功能为你实现什么呢？”听到这个问题，詹姆斯回应给百睿客一个困惑的表情，好像在问老师是不是在和他开玩笑。

“这会让我富有。”

“当然啦，但这会让你感觉如何呢？”

“感觉好啊。”詹姆斯回答道，困惑的表情加深了。百睿客暗自想，这个人肯定以为我是愚蠢提问者的世界冠军吧。“这会让我开心。”

“是的！这还会让谁高兴呢？还有谁会因为你的成功而开心呢？”

“我的家人，当然了。我的父母。”詹姆斯的困惑似乎转为不耐烦，他不得不回答连一个五岁小孩都认为答案显而易见的问题。

“你的父亲会感受如何？”

“他会以我为荣。”詹姆斯回答道，但他的声音中带着怀疑的语气，似乎有一片阴影在他眼前飘过，所以百睿客决定进行一次直觉上的跳跃。

“他现在更加以谁为荣呢？”

“我的哥哥。”詹姆斯看上去很惊讶，而百睿客想说这样的话：哦，好，我猜也许这个“老师”并不是那么迟钝，对吧？但他控制了说话的冲动。

“那你能这么说吗：在你父亲的眼中，你哥哥比你更重要？”

“我不知道。我猜是的吧。”詹姆斯耸耸肩，想要甩掉他不安的感觉，但他眨眼的速度更快了——这是一个典型的肢体语言，显示他内在有强烈的情绪正在起作用。

“那么你觉得自己不如哥哥重要吗？”听到这个问题，这位学员将双肘架在膝盖上，身体前倾，看着他双脚之间的那片地毯。

“我一直都觉得没有他重要。我的父亲总是会夸耀我的哥哥如何成功，如何聪明。”百睿客想用这个机会来阐明一个要点，但也不想忽视詹姆斯的不适感。在接下来的十五分钟，百睿客引导这个年轻人去越来越密切地关注自己不重要的感觉，将自己的觉知带入这种感觉的中心，体验到这是能量，而不是痛。在十五分钟结束的时候，詹姆斯感觉更为平和，可以在椅子上坐直了。他脸上带着舒展的表情和轻微的笑容。此后百睿客回到了教室前面，又开始讲课了。

“你们可能注意到了，我们并没有在詹姆斯身上进行疗愈过程。我没有引导他去宽恕自己的父亲，或将他认为自己不重要的信念转换为对自己而言更正面更有爱的信念。”百睿客一边这么说，一边觉得内疚。他是否在背叛自己的恩师究主呢？正是究主首次教给了他疗愈过程、宽恕以及信念转换的。他是否辜负了他的学生、他的主办方，甚至他的家庭呢？唉，即便如此，他也停止不了正在发生的一切。

“我所做的一切就是支持他认识自己不重要的这个信念。如果你假定一个信念是真的，你就永远看不到关于自身的事实真相。但是你越多地注意到信念以及位于信念中央的感觉，你就会越多地觉知到这个信念并非真相。你远比你所有的信念都要伟大，你自己就可以了知这点——只要你留意。你的觉知会帮你从信念的束缚中解脱，并体验真正的自由。”

“那么詹姆斯现在自由了吗？”有个学生喊道。

“这并非由我来决定，但我认为他已经获得了那把可以打开他一辈子都锁着的那扇门的钥匙。”

十天过去了，百睿客一直在传递始终处于觉知中的基本信息：你以为的自己并不是真正的你。这个世界是一个幻象，由真正的你、那个妙不可言的力量创造出来，这样你——那个无与伦比、你真正所是的存在——可以享受过山车一般的人类体验。你患上了灵性的失忆症，一直在遗忘的催眠中，但是某一天，也许是今天，你会醒来，了解真相。一旦醒来，你就会开始透过以下两点来拾回你的记忆，体验到你的无限平和、喜悦和无条件的爱的真正力量：

1. 直面你的信念，注意到你的感觉是这些信念的动力源，并觉知到这些感觉所掩饰的真正的力量。

2. 关于你真正是谁的觉知不断地成长。

“这真的很简单，”他对学员说，“我体验到了生命的两个阶段。

在第一阶段，你不管做什么，都认为你是自己所想的样子，每件发生在你身上的事都是来支持你的自我概念的。此外，你生命中的每个人无论说什么或做什么，都是支持你留在催眠状态，好让你一直相信你有这些局限。”

“您说的局限是什么意思？”一个学员问道。

“你这整个人物——你在这部电影中扮演的角色——都是由你的局限所定义的。即使是你的才能和长处，也都是有限制的，虽然它们的边界比你所谓的‘弱点和脆弱性’要宽一些。”另外一只手举了起来，百睿客请她提问。

“您说每个人都在支持我留在催眠状态，这是什么意思呢？那么，有些人呢，比如我在这里的朋友们，他们在鼓励我疗愈自己并不断成长？还有您呢？我到这里来是因为我的朋友告诉我，您是他们见过的最好的老师。”最后一句话让百睿客有点退缩、不安。对于他即将向大家说的话，他感到有些尴尬。他走到白板前写下：

你生命中的人，失忆阶段

敌人

小心翼翼的朋友

“老师”

“现在记住，在人类旅程的第一阶段，你的任务就是让你自己完全沉浸在人类体验中。这个阶段就是要培养自己的个性，并发掘你这个人物在不同情境下要出演的各种角色。在这个阶段，你遇到的人可以分为三类。首先是你的敌人，你认为这些人在肉体上或情绪上伤害过你，或可能在未来某个时候伤害你。任何看起来妨碍你实现目标的人也可能被视为敌人。

“其次是小心翼翼的朋友。他们是你的朋友，通常是因为你们有共同的兴趣和经验，但这是有条件的——通常是无须言表的条件，就是他们不会背叛你。你有特定的期望，而期望几乎都是基于你对重要性和归属感的需求。一个人越能有效地满足这些期望，他就会被视为越好的朋友。任何能帮你实现目标的人也可以纳入小心翼翼的朋友这一类。

“最后是你的老师，包括那些以助你成长为名义，启发你、指引你、激励你、教育你或‘疗愈’你的权威人物。当然，你的朋友、父母或伴侣——甚至是孩子——都可以当你生命中的老师，你的敌人也可以。他们对你可能都是如此珍贵美妙，如果你处在人类旅程的第一阶段，你会把他们说的每句话拿来强化你对自己身份的信念。”百睿客看到很多学员没有领会他说的，他突然获得了一个灵感。他翻到了白板的一页新纸，并用蓝色的记号笔画了一个五边形。

“比如，在你出生前，那个妙不可言的存在，即那个真正的你，想要成为坐在椅子上的这个人，想看看拥有人类的体验会是什么样子。所以你设计出了一个人物——比如这个五边形就是你这个人物。然后你创造出了母亲。”在说最后一句的时候，百睿客画了一个橙色的三角形，其底部与五边形的一边重叠。

“然后你创造出了父亲，”一个黑色的正方形，其一边与五边形的另外一边重叠。“还有几个同胞手足……”两个挨在一起的矩形，一个橙色，一个绿色，两个矩形的窄边占据了五边形的另外一边。“随着时间的推移，你增加了其他人，作为你电影中的配角。”他又画了不同颜色的形状，代表朋友、老师、亲戚、伴侣和孩子。之后，他在这整体设计的外围画了一个大的圆圈，解释说：“最后，有那么些人在你人生的外围，作为临时演员，为你专属的电影打造更完整的布景。”

一个学员提出：“这像拼图游戏一样。”她是班上为数不多的几个马来西亚人之一，大部分学员都是华裔马来西亚人。

“真是像拼图游戏！”百睿客同意，“我不是特别有艺术细胞，所以才用了几何图形。”

“即使这些也画得不怎么样。”他的翻译范丽在逗他。

“重点是，”他强调道，“你生命中的每个人都是一个特定人物，扮演一个特定角色，具体角色取决于你处于旅程的哪个阶段。在这个过山车之旅的第一阶段，每个人已经做的或正在做的每件事，你都阐释为在加强你的信念和局限。你父母对待你的方式是特别设计好的，为了帮助你来强化自己的身份。你的兄弟姐妹、亲戚、朋友，还有老师，也都是一样的。”

“你真的让我很生气！”一个叫秀芳的女学员从座位上站了起来，眼泪顺着她愤怒的脸庞流下，然后她急匆匆地走出了教室。百睿客有点灰心，他记得秀芳参加了好几次他的工作坊，还不止一次地分享过她被叔叔和哥哥性侵犯的经历。

他对整个班说“我很抱歉”，并痛苦地意识到自己的脸都红了。

“我知道这会引发一些强烈反应，但是……”他摊开双手，无助地耸了耸肩，“……如果我说的是真相呢？如果你打从出生以来，就真的是一直处于催眠中呢？而我也只是你人生故事的一个配角，在强化你是有局限的、不完整的这个信念，并因此需要疗愈或修正或改进的呢？”

“想要疗愈或改进有什么错吗？”一个叫莉萨的学员提问。

“完美可以被改进吗？如果没有什么要去疗愈的呢？如果疗愈或改进的想法本身就是强化你身份的一个部分呢？如果你真的是那个妙不可言的存在，只是在经历人类的体验，而作为人类体验的一部分，就是要确信你只是个人呢？”

“但是老师，”另外一个学生发话了，“我们在场的大部分人都是佛教徒。我们知道这个世界只是一个幻象，我们陷入了生死轮回之中，直到我们从业力中解脱出来。”

“如果今天就是这一天呢？”百睿客平静地问道。他意识到以前他会将这样的讨论看成挑战，他也会试着说服学生他自己的观点是正确的。现在他感到他要证明自己是对的的一贯冲动似乎已经没有那么大的威力了。“如果你意识到没有业力这回事呢？意识到这只是一个设计好的概念，让你不要认出你自己真正是谁呢？把你的救赎、解脱或开悟寄托在未来——对你们某些人而言是好几百世以后的未来。你相信这个世界是个幻象——如果甚至连业力也是个幻象呢？你没有看出人类生命是多么不可思议的设计吗？你先会被彻底地愚弄，然后你会看到你是如何被完美地愚弄的。”

“那宽恕怎么办？”莉萨问道。

“如果没有什么要去宽恕的呢？”他微笑着反问，“如果你父母的一举一动，是完全按照设计做的，目的是帮助你固化你的身份和核心信念呢？莉萨，是不是在上个工作坊，你分享你有一个核心信念是你可有可无，或你们管它叫什么来着……多余的？”虽然“多余的”这个词对百睿客而言意义不大，但有些华裔的学员在用它，通常这个词和不必要的以及羞愧的感觉联系在一起。

“是的，我认为我是家里不必要的负担。即使是和朋友一起，我也觉得我是多余的。”

“好，就这么说吧，这是你身份的一个部分，是你，出于你无限的智慧，想要经历的作为人的这个部分。你想让莉萨的配角阵容如何表现呢？这些配角会如何对待莉萨呢？”

“但是我为什么想要被那样对待呢？我为什么想让自己的母亲忽视自己呢？”

“在一个好的受害者故事中，如果主角没有受伤害，这故事还有什么意思呢？”

“现在你也让我生气了！”莉萨脱口而出。马来西亚人一般都是非常含蓄有礼的，百睿客若有所思。“我不是受害者！”

“对，你不是。但你认为你是，就像绝大部分人一样，在内在深处就是这么认为的。我知道‘受害者’这个词颇具挑战意味，但它指向了渺小、不重要和被排除在外的体验。所有孩子的动力都是出于对重要性和归属感的需求。我们将这些需求转换成了对爱的需求。孩子感觉到，如果他们属于自己的家庭并对家庭——主要是父母——而言是重要的，他们就是可爱的、被爱的。放眼整个世界，

‘爱’这个词都和被包括在内以及特殊性的感觉有关。我用‘受害者’这个词时，指的是所有与不重要或被排除在外有关的人类的想法和感觉。”

“你是说我创造了自己的父母、家人和其他每个人，来以他们那样的方式对待我吗？我为什么想要这么做？”

“好，首先，你并没有创造你的父母；创造者是你，那个无限的存在，你的本来面目。你全盘负责，为你的人类体验进行了所有的规划、设计和创造。我的意思是，受害者难道不是掩饰你本来面目的完美伪装吗？事实上，受害者与你的本来面目正好相反！”百睿客环顾教室，看看有没有其他人领会到对他而言显而易见的事情。他看到的大部分都是困惑或受挫的表情，但也有些令人惊讶的例外。他的翻译范丽、主办方林朱莉，还有四或五个工作人员及学员，出乎他意料——因为某种原因，他们的表情让他感到自己又回到了产房，在观察自己的儿子曼纽尔从玛丽亚的子宫里慢慢露出来。他没有指望多数人能领会他讲演的内容。他完全明白，靠理智只能理解部分的信息，其余的只能在“转化”发生时才能体验到。他也知道，在一个人跳出催眠状态这件事上，他只能在那里迎接他们，此外，他起不了什么作用。

“所以也不存在宽恕之类的事啰？”

“在你生命的第一阶段，宽恕的确是一个美好的体验。就我个人的感觉而言也是很棒的：我从过去挖掘出一些旧痛，这涉及我以为我父亲是如何伤害我的，然后我对旧伤采用了一种宽恕技巧并观想它消失了。我总是感觉对父亲有更多的感恩和慈悲。但是经过几乎四十年不断地找我爸爸的问题然后去疗愈问题，我意识到了我从来没有彻底地原谅过他。现在我知道了，我那时也不会彻底地原谅，因为所有这些都是我编造出来的，为了维护我是个受害者的核心信念。在我看来，所有的疗愈技巧创造出来都是为了让你确信你是需要被疗愈的。这不是很不可思议吗？真是太天才了！！这也是结束今天课程的完美方式。”

在他所有过去的工作坊和培训中，有很多的戏剧性，流了大量的眼泪，因为大家重新体验了过往的痛苦，并试图疗愈他们一辈子都携带着的伤痛。“疗愈”是通过走“过程”发生的。过程包括观想一股疗愈的能量从更高力量处降下，进入一个人痛苦的中心，并将痛苦转化成平和。有时候学员会选择将痛苦向上提交给更高力量的领域。以往，这就是百睿客工作坊的主要焦点，而他的学员也是冲着这个来的，但这一次，戏剧性变少了，眼泪更是少了许多。他引入了走过程的新方式，就是邀请那些体验到不舒服的人，只要如实地接受这种感觉即可。这能让他们坠入自己感觉的中心，在那里认出真正的力量，并迎接这股力量回归内心，此后他们对于自己真正是谁的觉知便开始扩展。

他有点惊讶地看到，人们离开工作坊后去购物、潜水，或只是在海滩酒吧里喝上几杯啤酒。虽然缺了一个学员往往让他意识到自己产生了无能或失败的感觉，但这次他只是针对自己的不舒服去“走过程”，并观察到不舒服消融了，只留下了平和和爱的感觉，以及对某种难以名状的……东西的觉知。或者可能什么东西也没有。他微笑了起来，因为最后一个念头让他想起了很久以前和彼得·凯恩的谈话。我哪里都不在，我什么都不知道……

****

当他走进酒店房间的时候，电话铃声响了起来，在他接起电话说“喂”的时候，那头是彼得打招呼的声音，比以往听到的要热情不少。“嘿，帕特[①]！听着，你知道上周你打电话给我的时候，我们谈的什么吗？我懂了！我真的懂了！我们从嬷嬷尊母、究主和其他所有人那里研究、学习的东西，没有一样是真的！”

“你反正从来都没怎么信过。”百睿客插嘴说。

“没错，但现在我真的明白了！我说的是，我在身体的每根骨头、每个细胞中都感受到了。”百睿客听到朋友的描述很高兴，但还是有些惊讶，因为自己没有更加兴高采烈一些。在过去，如果他们共享了一次强大的灵性疗愈、意识状态改变或启示，他们会开心得忘乎所以，所以一定要一起大大庆祝一番。这增进了他们之间的特殊友谊。但这一次，有点像和玛丽亚的互动一样，百睿客感到了简单的欣赏之情——他的生命是如此惊人的创造。和以前不一样的是，他不需要朋友有和自己一样的感受或看见一样的东西。他不需要自己的妻子来印证他所了知的真相。因此，面对彼得的醒觉，他能说

① 译注：百睿客·肯尼迪的昵称。

的只是："真是酷毙了！"

"是很酷！"凯恩同意，"真没想到会这样。没有烟花什么的。我几乎只想耸下肩膀说，好吧，所以我就是道，还有什么别的新玩意吗？"

"是的，就是这样的。我的体验中找不到任何了不起的地方。"

"是的。"彼得同意，然后暂停了几秒，"在这趟旅程中你还注意到了别的东西吗？"

"比如什么？"百睿客问。他没有立即领悟彼得回答的蕴意，也没有明白这些蕴意在接下来的几个月会如此深刻地影响他。

"这里没有大师！"

****

从百睿客把新模型介绍给大家的那刻起，他就一直在等待一个特定的问题，他有点惊讶，直到第七天才终于有人问了出来。当詹姆斯·陆，那个汽车部件公司老板讲出来的时候，他感到松了一口气，但又觉得不舒服。

"但是为什么一个无限存在想要成为有限的人呢？"

"为什么不呢？"百睿客反问。

"因为这个世界太丑陋了！这里有这么多的战争、饥饿和受苦。"詹姆斯似乎越说越难过，"看看人们是怎么对待彼此的！为什么神想感受如此多的痛苦和仇恨呢？"

"你能不能想出任何解释，可能会帮你心平气和地面对这个问题呢？”百睿客问他，但实际上在问整个班，“对‘为什么’的问题的任何答案，我从来都没有完全或永久地满意过。即使我对你的问题有一个回答，这也只会引出另一个问题。有限的人类智力是无法理解无限智慧、才智和力量的动机的。”

“但我不由自主就是想弄懂。”詹姆斯坚持道，“别的我还能做什么吗？”

“你可以感受与这个议题相关的不适感，如实接受不适感，并去走过程。”

“但这会帮我理解为什么吗？”这个学员问道。

“我很怀疑。”老师回答。

“那为什么要走过程呢？”

“因为，就我所知，只有两种人类体验——接纳和拒绝。当你拒绝生命当中的某事时，你倾向去质问它为什么存在。当你接纳同样一件事时，你会找到平和，但你也会看见它原本如是的样子——一个精彩辉煌的假象。”

“大家瞧瞧，”百睿客再次张开双臂，掌心朝上，突显出自己的无助感，“我可以给你们各种解释，说明为什么无与伦比的你、拥有无限智慧和爱的你要选择创造所谓‘人类体验’的这个东西。我可以告诉你是因为你想要挑战，或想玩一个游戏、进行一次冒险，但这又如何呢？这些答案可能为你的智力饥饿提供了点心，但它们无法让你永远满意，因为你的智力饥饿被设计为永远不会满足。你的智力永远不能被满足！但我体验了什么是在智力之外的，而这个体验让我满足。试图回答‘为什么’的问题是一场无休止的追逐。接纳本然，就是这场追逐的终结。”百睿客可以看到教室里的很多人对他的答案并不满意，但他很清楚不满意通常是拒绝的结果。或者甚至可能不是结果，他默想着，也许不满意和拒绝是一码事。

****

总算到了工作坊的最后一天，所有的学员都在教室里。连秀芳也回来了，她甚至还为自己的发怒向百睿客道歉。他看得出她还在生他的气，或许再也不会上他的课了，但他能平静地接受这种可能性，因为他知道，“在帷幕的这边”，她只会依据自己的生命设计来行事，没有任何人或任何事可以改变这点。

按过去的风格，开课的当天，他会在上午给出某个主题，通常是个人全责性、家庭或亲密关系动力，或他自己命名的“灵魂为本心理学”的某个方面。但在这次“远见卓识领袖训练”工作坊中，他每天上午都会在自己的理解范围内，介绍醒来后体验的原则。这一般会导致与新时代信念的对峙——这些为人坚信的信念有吸引力法则、宽恕、奇迹和个人全责性等。他避开了宗教和政治，因为他还没准备好应对这么爆炸性的话题。但可以预见的是，爆炸该来还是会来，尤其当有人认为自己的生存取决于某些信念是真实的和不容置疑的之时。他天性热爱和谐，所以他希望最后一天相聚的时间能够平和顺畅地度过。

“据我所知，到目前为止，跳出催眠状态，或走出你的灵性失忆，似乎有两个方面。一方面是惊叹地认出何为真，一方面是敬畏地揭示何为非真。对于真相的觉知是延绵不绝的，可于片刻间触及。一开始，你可能像我一样，想努力促使它发生，并会走些老路子，比如冥想、回到当下，或仅仅试图保持觉知。你会认为应该每天都走过程，你甚至会因为没有可以聚焦的不适感而觉得失望。最终我们会认清‘应该’这个词是第一阶段的遗留物，在这个阶段，驱动我们的是对重要性、归属感、力量和安全感的需求。我们的大脑一直在告诉我们应该或不应该做什么，以满足这些需求。”突然，几只手举了起来，所以他决定马上进入问答环节。

“我怎么知道我真的已经醒过来了呢？”一个会说英文的女学员问道。

“我在等着人问这个呢。”百睿客说，“我拿不准你能马上知道。我似乎六个月前在纽约时就离开了催眠状态，但我是前几天才意识到的。我的妻子说在她身上发生的还要早一两周，但她也只是在和我谈话时才意识到。我只能说，当你知道的时候，你就知道了。我很肯定，没有其他人能告诉你。”他转向另外一个举手的学员。

“老师，我们一旦醒来了，能做什么呢？”

“我们都是独一无二的个体，有因人而异的设计，所以我当参谋毫无意义。据我所知，到目前为止，你们有些人可能发现自己走了很多的过程，而其他人可能只是随波逐流，很高兴从‘应该’的负担中解放了。要我窥见这个生命新阶段的全貌，还为时过早，但我注意到了，我一直在走过程，一大堆的过程。”

“老师，您能再复习一遍走过程的步骤吗？”范丽为一个说中文的学员翻译问题。在回答之前，他走到白板那里，掀开了一页纸，展示他在上课前准备好的内容。

过程一

1. 感受这个感觉。

2. 接纳它。

3. 提醒自己这不是真的——它是平和与喜悦乔装而成的。

4. 将它体验为能量——不好也不坏。

5. 将它体验为“纯”能量。

6. 妙不可言者（道、无条件的爱、临在等）。

“好的，我想向你们展示两种走过程的方法。首先，每当你不适的时候就可以走过程，身体上或情绪上的不舒服都可以。你给自己一些时间去留意不适感，并如实接受它。我们以前走过程是为了疗愈痛苦或让痛苦消失，所以完全接受它的想法可能一开始显得很奇怪。但你会发现，在你不拒绝不适感的时候，你的觉知会自然向感觉靠拢，似乎在移向感觉的中心。当你这么做的时候，你似乎正在穿透伪装。痛苦真的是一个令人信服的外表，阻碍你看清它的真相——真正的平和、喜悦和力量。一旦伪装脱落，觉知会增长或扩展，你会感知到……嗯，你会体验到真相。”当学员们将走过程步骤在笔记本上抄好后，百睿客又翻了一页，展示了另外一个提纲。

过程二

1. 感受这个感觉。

2. 坠入感觉的中心。

3. 对自己说："这个感觉不是真的；它是一个幻象——它其实是纯粹的平和与喜悦乔装而成的。"

4. "我拾回这份力量并欢迎它回到意识中。"

5. 观想、感知或想象力量向你回归。

6. 对自己说："当它回归时，我扩展了关于我究竟是谁的觉知。"

7. "我是那妙不可言者（道、无条件的爱、临在、无限力量等）。"

"我发现这第二个过程更加复杂，步骤也不太好记，但它可能帮你起步，并打破我们走过程的老习惯。"

"我们应该多久走一次过程呢？"詹姆斯问道。

"好吧，应该、应该、应该……我给你们简化一下：如果你觉得焦虑、激怒或痛苦，这就是有机会走过程的信号了——如果你想走的话！没有什么时候是你应该、不得不或必须走过程的。不舒服只是一个机会，不是一个强制命令。"

"如果我们很长时间都没有体验到任何不舒服怎么办？"另一个学员大声说道。百睿客看得出，教室里的很多人都在试图把"醒觉"模型套入一个他们可以实施的行动框架内。他们在尝试把过程变为一个灵性修持，好填进他们的每周日程中。他内在开始涌起挫折感，接着是熟悉的失败感，他注意到自己与不耐烦纠缠不休。哇！他心想，这些感觉看来都如此真实。我真的相信我失败了。太惊人了！

他感觉轻微的震颤像脉动般穿过身体，好像在开心地迎接他的不舒服。

“欣赏。”他不假思索地说了出来，“当你没有任何不适感的时候，就去享受当下片刻。你可以停下四处张望，去享受你正在体验着的人生，即你存在着的事实。无论你是否有感觉，只要欣赏‘我是’这个事实就好。欣赏可以在任何时间、任何地点练习。你可以去公园散步，逛当地商场，或穿越某个工业区——或只是坐在家里，盯着桌子看。去欣赏这些创造是多么逼真啊，欣赏它们可以如此彻底地愚弄你，让你信以为真。去欣赏活着、做人是多么神奇。欣赏会扩展你的觉知，帮你认出你在哪里受到了愚弄。再说了，欣赏的感觉就是很棒啊！哎呀！”他叫起来，“抱歉，听上去好像我在给你们指方向或提建议。”他走到白板前，写下了这些话：

敬畏+爱+感恩=欣赏

接纳+觉知+欣赏=过程

“这是我出离催眠状态后的体验。有时我只要感觉不舒服就会走过程，不管这个不适感是来自头痛还是我正在对付的情绪问题。我尽量地接受这个不适感，而且在接纳中，我逐渐觉知到不适感其实是无限力量乔装而成的。当这份认知临在时，我对创造的壮丽辉煌，充满了敬畏之情。我深深感恩我能有如此经历，而随着感恩而来的就是爱。

“有时我没有不舒服的感觉，我体验到了深深的欣赏，我欣赏这个幻象是如此逼真，也欣赏我的本来面目就是无与伦比的力量。无论我是站在美丽树林的湖边，还是在吸入台北市中心的雾霾，我都有可能被彻底震撼，因为这不可思议的才智、力量和创造力造就了如此的幻象。还有其他的时间，我既没有走过程，也没有欣赏的感觉。也许我在看一部引人入胜的电影，或迷上了一本精彩的侦探小说。或许我在自己的车中，正冲着剐我车的家伙大嚷大叫。这是否意味着我偏离了道路或又回到了催眠中呢？不是的，因为本没有什么道路，也没有什么方式是我理应遵从的。你以为是自己的这个人并没有操纵局面，这个人控制不了你的醒觉，也控制不了你在跳出催眠后会做什么。无论你做什么、怎么做，都是道——你的本来面目——所做设计的一部分，目的是配合你在这个伟大舞台上所扮演的特定角色。”他暂停了会儿，等着另一个问题。

“您讲的很多内容听起来就像我在寺庙里面听到的佛教教义。”这句话让他措手不及，他觉得有点战栗，恍然出神。他讲的并不比任何理论教导或哲理更有价值，因为他既没有将台北的雾霾作为幻象体验过，也还没有站在树林里的湖边。自从他醒觉以来，甚至都还没离开过酒店，除了有时吃晚饭会离开，之后又马上回到了客房。疑惑在脑海中挥之不去，但在他平静下来之前，那位学员又跟着问了一个问题。“您以前教的疗愈技巧和这个过程工具之间有什么区别呢？”

对了！就是这个一直在困扰着他。这个工具似乎和其他的老方法一样，造作而噱头十足——他曾用这些方法来帮助人们疗愈潜意识的创伤或实现渴望的目标。如果他真的只是在欺骗自己，认为自己醒过来了，而其实是陷入了另一个梦中，该怎么办？当他在睡着时，这样的事情是发生过的——那时他从一个梦中醒来，发现自己在卧室，结果却意识到这也只是他做的梦而已！突然，他充满了恐怖的怀疑。他是在自欺欺人吗？他是否刚刚摧毁了自己的职业生涯，并把家人推到了财务崩溃的边缘？他是否刚刚浪费了学员十天的生命呢？

他装作翻阅白板上的纸，似乎把这作为对学生问题的回答；同时，震惊的感觉逐渐消退，他感受到了无以名状的临在——他称之为“妙不可言者”。临在还在他的觉知中，微妙而又强大，就像过去十二天那样。百睿客消融了。一个认知浮现了出来：这个“妙不可言者”没有确定的特性、地点或感知，而似乎可以作为一种临在去体验到。百睿客重新出现，但是不再黏合在那个似乎觉知到了临在或非自我以及百睿客或自我的意识个体上。随着这个体验的持续，百睿客的声音似乎来自遥远的地方。

“我现在所有能告诉你的，马玲，就是区别取决于你是否摆脱了失忆。我拿不准，但我感觉我们只会短期使用这些工具，然后就不再需要了。在直觉的层面，我认为这些工具的目的是除掉工具——这样说好像也没多大意义。”

“如果我们不用这些工具呢？”马玲问。

“我不知道。我真的认为归根到底在于：如果你醒了，你做什么都没关系；如果你没醒，你做什么也没关系。”

“醒或不醒有什么不同——醒来是更好些吗？”

“是的。”百睿客说，然后又有了先前那种不对劲的感觉，“我想说不是的，并不是更好些，只是不一样而已。当我们在梦中熟睡时，我们会以好坏、对错、更好或更差来确定事情的价值。我们许多人认为开悟比无明更好，或崇尚精神比物质主义更优越。我们认为一个除了饭钵和僧袍外一无所有的和尚，比起一个待工人如粪土的富人，不知怎的就要好一些。但是每个人和每件事，都是那一个我们称为做人的体验的同等组成部分，这点在你跳出催眠的时候就能看到了。做人的一个阶段就是在梦中熟睡，另一阶段就是在梦中醒来，可能还有第三个阶段，就是你完全从梦中醒觉。也许在这三个阶段之外还有更多的阶段。但是你周边世界的每个环节都是完美设计出来的，无论你处在哪个阶段，都在支持你的人类体验。完美就是完美。更好或更差是设计出来的概念，好让你确信你是一个分离而孤立存在的实体。”

“不过您为什么说吸引力法则和正面思维是错的呢？”

“我从没说过它们是错的；我说的是它们不是真相，而且实际上，它们在支撑着你认为自己欠缺或不完整的想法。”

“听起来好像您在评判它们。”

“你知道吗，”百睿客轻声地笑着，“有趣的是，在我醒来之前，我的批评性和评判性要严重得多。当然，我会保留我的评判，对他人的信念和道路表示宽容和接纳，因此人们认为我谦虚，还有纯粹什么的，我也不太清楚。但是在过去的十天中，自从我开始不带指责或批评地指出什么并非真相，我已经被称作傲慢的或热衷批判的十来次了。这真是个有趣的旧世界。”他停下来，小心翼翼地组织下面几句话，“我没在评判正面思维或吸引力法则，或任何其他的新时代哲理及技术——甚至也没有批判心理学的原则。我真的万分欣赏它们在我生命的第一阶段的重大作用。像任何出色的小说作品一样，它们引人入胜、精彩刺激、趣味盎然。如果我没有如此全然地投入其中，我认为我的人类体验是没法完整的。”

“但是听起来，你就像是在评判它们！我有五年多的时间都在工作坊，还见了一个咨询师，而你现在告诉我，我听到了一堆的谎言。”

“是的，但是我是好好告诉你的。”百睿客开着玩笑，但是幽默似乎翻译不出来。这个叫马玲的学员重重地坐了下去，并用手捂着脸。他站在教室的中央，面对着坐成马蹄状的班级，伸出双臂，手掌朝上。“瞧，如果这让你们不舒服，我很抱歉。在第一天刚开始培训的时候，我就知道我提出这个新模型是冒了很大的风险的——尤其是大部分的内容我也不熟悉！我是想沿袭我过去二十年来的做法——教教灵性心理学、疗愈和个人成长，但是……这些都不复存在。”他环视四周，看向站在双排马蹄形座位后的工作人员。

“不光我这样，也问问范丽或朱莉吧。教室里还有其他人，在过去的十天里，同样的事情也发生在他们身上。可能人不多，但有几个。这不是什么大秘密，而且我很肯定，发生在我们身上并不是因为我们灵性上更优越。况且，我们谁也没想追求这个，我们盼的是别的东西——我们的心智和小我可以概念化的东西，但谁都没料到这个会发生！”

“那我怎么才能醒来呢？”一位男学员从马蹄形座位的第二排大声地说道。百睿客注意到他从不坐前排，而选择后排大约中间六点钟的位置，每天如此。

“只有坐在前排、喜欢绿色的人才有望从梦中醒来。”百睿客开玩笑，“我们不是一直这么想的吗——你必须成为一个特别的人，做特别的事情，以特定的方式思考，才能开悟或进天堂什么的？这个想法就是谎言的另一部分——维持催眠状态的那一部分。据我所知，无道可走。没有特殊的要求，没有专门的培训。你研究的所有东西、你遵从的修行纪律，都是你梦见自己在做的事，还想着这么做会带你超越梦境。但连你的想法也都只是梦的素材。你遇到的老师、你的父母、你一起出去玩的朋友——他们都是你的梦的一部分。梦一做完，所有一切随之消逝。即便是你的身体，还有你对自己身份的认定，都会消逝。也不会有灵体、灵魂或能量飞出梦之身，回到做梦者那里。那也只是梦的内容，不是真的。”他注意到了许多人眼中的惊诧，并感到震惊可能很快会转为愤怒，所以他试着让危机在爆发前消弭于无形：“最后讲的别管了！那只是猜测，我们可以在下次培训或工作坊上再讨论。”然后他暗想，如果还有下次，我能再见到你们的话。

他正要离开工作坊教室的时候，最后一个念头轻轻地飘进他的觉知。这似乎是一个直觉而非理智的念头，飘来时还捎上了这些话：如果我提出连醒来都不是真的，我真想看看他们这时会如何反应……

第4章 金矿

任何列车旅程的最终目的地都不在列车上。

2008年12月

彼得·凯恩给了他朋友四天的时间，好待在家里陪妻子玛丽亚以及两个十来岁的孩子——安杰利娜和曼纽尔；之后，他就过来把百睿客拽到健身房去了。百睿客喜欢举重并在器械上锻炼，但每次如果离开超过了几周时间，他再回来锻炼时总是有点胆怯。经常，他回家时已筋疲力尽，而且一般要花七天的时间来倒时差，所以任何体力消耗都让他显得力不从心。不过，彼得毫不在意他朋友的告饶，并威胁他，除非老实服从，否则他要告诉两个孩子百睿客儿时的绰号。

在英勇地锻炼了一个半小时后，他们进入了汗蒸房。刚出来，在用毛巾擦干身体的时候，彼得不经意地看了下百睿客的生殖器，然后又低头瞧瞧自己的。

“你在笑什么啊？”百睿客有点戒备地问道。

“每当你在我身边时，你肯定忍受着‘阴茎妒羡’的折磨。”彼得说。

“我为什么要羡慕你这样大的呢？”

“啊哈，”彼得讥笑着，“你真搞笑。”

“许多实话是在开玩笑时说出来的。”百睿客提醒他。

“是啊，是啊。老实说，我现在想喝啤酒了。咱们去麋鹿角吧。”

“行，但我想给玛丽亚打电话，叫她也来。你呢——你要给杰茜卡打电话吗？”

“不打了，她和孩子一起去孩子外婆那里了。”彼得回答，声音带着奇怪的音调，听起来有点悲伤。也许他觉得孤独了，百睿客默默想着。

从二十多年前首次相遇的那晚起，彼得和杰茜卡便一直在一起。他俩相遇的地方，就是现在彼得、百睿客和玛丽亚所坐的这张桌子，位于麋鹿角酒吧安静的一隅。这里，他们能看到窗外的城市街景，也能看到远处的山脉。百睿客想起了在林木覆盖的斜坡上纵横交错的伐木路，正是其中的一条路带着两位朋友找到了他们之前的老师——究主。究主带领这两个人，顺着并非显而易见的道路，找到了各自的伴侣。百睿客和玛丽亚在婚后一年便为人父母，而彼得和杰茜卡等了十来年才组建家庭。和百睿客一样，彼得之前也有过一段婚姻，并和前妻有一个女儿黛安娜，但几乎女儿一出生他们就离婚了。所以，在把更多的孩子带入自己的生命之前，他想先确保和杰丝[1]有一个更为稳固的关系。

女服务员给男士们端了两杯啤酒，给玛丽亚上了一杯葡萄酒。接着，百睿客的朋友迫不及待地说：“好，那我现在要做什么？”

“这要看情况。”百睿客回答道。

“看什么情况？”

“看你到底讲的是啥玩意。”

① 译注：杰茜卡的昵称。

“好吧，我是醒了。那又怎么样？我是说，首先，我从没料到这样的事会发生在我身上。这样的体验，我连盼都没盼过。其次，就算我在盼着，我也会将全部精力放在盼望成真上面；我之前想这会是一个了结，我就能……我也搞不清……以后就能永远快乐地生活下去什么的。但是没有什么真正的改变。我还是起床，陪着孩子和杰丝，在电话上做几单交易，去打高尔夫……你知道的，就是我之前常干的那些事。我还得做什么别的事吗？”

“你可以把头剃了，穿藏红色的长袍。”玛丽亚提议。

“藏红不配我的肤色。”凯恩提醒她，“说正经的，我觉得活着就很好，而且我感到好像双肩卸下了千钧重担。我就想知道，我是不是应该做点什么来保持这个状态。”

“噢，我注意到在过去几周中，我生活中的‘应该’明显少多了。”玛丽亚说，“也许这就是卸掉的重担。”

“没错，”彼得同意，“那我这么说怎么样——还有没有什么事是我可以做的？”

“你有没有读我跟你介绍的《你值得过更好的生活》（*Busting Loose from the Money Game*）这本书？”百睿客问道。他指的是某晚在吉隆坡的一家书店里找到的书。作者罗伯特·薛弗德（Robert Scheinfeld）似乎有与百睿客相似的体验，只是比他早几年。作者简洁明了地描述了这种体验，让百睿客钦佩不已。作者在书中也写了刚醒的人可以使用哪些支持工具，以好好体验罗伯特所称的“人类游戏的第二阶段”。

“你知道的，最近除了苏斯博士（Dr. Seuss）[1]的书之外，我什么都不看。如果书上没讲绿鸡蛋和火腿、圣诞怪杰（the Grinch）或老雷斯（the Lorax）的话，我是一点不感兴趣的。”彼得热爱读书给自己的孩子们听，只要孩子们提出来，几乎任何时间他都会读。但是，在他遇到杰茜卡不久后，他不再阅读任何的玄学或灵性资料——而这是他十五岁以来就一直关注的焦点。“反正，你知道我讨厌你引用其他老师的话。就痛快告诉我你自己的观点吧。”

“好吧，不过在我意识到自己醒了之后，我问自己的第一个问题是：‘我内在怎么还是感觉很糟糕？’你知道的，所有这些痛、恐惧、内疚——还有痛。”

“你已经说过‘痛’了。”

“是的，但我内在的痛很多啊。反正，我的膝盖已经疼了五六年了还在疼，每次我往左边看，我僵硬的脖子就会痛，我的下背部痛，我的肩周发炎酸痛。这还只是身体的疼痛。我也注意到我还是怕被学员拒绝，还是担心我的孩子，而且我肯定我和玛丽亚之间仍会有伤害发生。我的生活还是充满了这些所谓的问题，因为我还是充斥着各种信念和局限。”

“你不会还在说你相信什么就吸引什么吧，会吗？”

“当安吉在学校开始考试的时候，我们就放弃了这个说法。”玛丽亚笑着说，“我从来都不是很信‘正面思维的力量’，但安吉把这扇门给我彻底关上了。那时学校马上要考试了，她开始表现得忧心

---

① 译注：苏斯博士是美国家喻户晓的儿童作家。

忡忡。‘我要不及格了，我知道我会不及格的。这门课我什么都不懂。我就是没有搞明白！’”玛丽亚模仿她女儿焦虑无比的声音，“她会一遍又一遍地重复这些话给我们听，有时是流着泪说的。和曼纽尔不一样，安吉学习是很努力的，但是她一直都在挣扎，因为她坚信，无论在哪门课上她都不够聪明。但她总是拿最高分！即使担心和自我批评了很多年，她每次还是很吃惊——她几乎所有科目都是名列前茅！百睿客和我谈到要写一本书，名字就叫《负面思维的力量》，并把这本书献给安杰利娜。”

“不过，问题和信念之间是有关系的，”百睿客坚持说，“只是关系和我之前想的不一样。以前，我认为每当信念从潜意识中浮现、需要被疗愈的时候，问题就来到了生命中。你了解这个概念的……我假定伤害是问题导致的，而实际上伤害只是我内在受伤感的投射，而且这个伤害与信念有关，而信念又关联到过去的某一个或多个关键人物。在我和他人之间发生了什么，让我感到不被爱、不重要或被排除在外，这份痛让我产生了一个关于自身的信念。若干年后，一个问题出现，让我觉知到那个‘负面信念’，好让我将它转换为更正面、更有爱的信念。为了转换信念，我只要宽恕那个伤害我的人就可以，或把疗愈能量从天堂带入我的痛中，或通过我的痛给出爱，诸如此类的……”

“是啊，是啊，我记得这些。那现在不一样在哪里？”彼得问道。

“我很高兴你这么问我，凯恩先生——”

“噢，见鬼，我感觉又要讲故事了！”

“你把自己当作史密斯先生，设身处地地想一下。从前，史密斯先生有一个富可敌国的父亲——不仅是银行家，还拥有大量的土地。一天史密斯先生的父亲去世了，给儿子留下了一个巨大的金块，又高又宽又厚，就像他自己的块头一样；还留下了一片地，有三十乘以三十座城市的街区那么大。现在这片地是完全清理好的农地，一棵小树或一片灌木丛都没有。那么史密斯先生拿这么多的金子和土地怎么办呢？”

“把金子存银行，把土地划成小块卖掉，然后退休去夏威夷。剧终！劳驾，小姐！”彼得挥手招女服务员，“能再给我们这儿上一圈酒吗？”

“噢，”彼得转向百睿客，补上一句，“而且，他还改了一个更出彩的名字。”

“好啦，”百睿客接着讲故事，“史密斯先生在考虑这么做，不过他又自言自语道，约翰——”

“约翰·史密斯——现在真正的意外来了。”凯恩嗤笑着。

“约翰，你一直过着优裕完美的生活，但你真的需要一次挑战！你需要体验没钱是什么滋味——去体验如此富有的完全相反面是什么。”

“史密斯先生显然是缺少了一些重要的脑细胞。”彼得发表意见，很不舒服地在椅子里扭动着。百睿客注意到他的朋友自从到了酒吧就一直在做这个动作，但他没有吭声。彼得的生活正在发生着什么，但只有在他想说的时候，才会告诉百睿客。

“所以约翰·史密斯决定给自己一个终生难忘的挑战。他开始削下小块的金子并埋到那片地里；过了好一阵子，他将数百万块金子散布在整片土地上。当所有的金子都埋好了，约翰离开了那片地，走了好几英里，到了一个小镇上。他身无分文，便找了一份洗盘子的工作，好负担得起栖身之地。他开始完全体验一个穷人的生活。

“很多年过去了，约翰·史密斯混得还是不错的。虽然他不富有，但他改善了自己的经济状况，有钱结婚，还有了四五个孩子——”

“受虐狂。”

“他最终当上了小老板，在镇上经营一家小五金店。是的，先生，约翰·史密斯干得不错，自己也很满足。然后一天早上他醒过来，并意识到他完全忘掉了那些金子！他跳下床，冲出屋子，穿着睡衣，打着赤脚就一路跑下去。数小时后，他筋疲力尽，上气不接下气，到了他四十年前离开的那片地。但是现在景色大变——现在地上长满了灌木丛、树木和高高的草丛——甚至还有一个小池塘，有鸭子在上面游来游去。他从来没有给埋金子的各处画过地图或做过标记，那他该怎么找到金子呢？你处在他的位置会怎么做呢，皮特？”

“我会拿把铲子开始挖呀挖。要不这样吧，我会买辆推土机，推倒树木和灌木丛，买蒸汽铲去挖土，再买个巨大的筛子，倒进去的是土，筛出的是金子。”彼得五十多了，身体结实，但内在还是个小男孩，总是想拥有蒸汽铲，好挖出真正的大洞。

“哦，你不能那样。史密斯先生买不起蒸汽铲或推土机。”

“嘿，我要自己编故事，在我的故事中他就可以买！”

“你不能这样——这是我的故事。”

“好吧，但你的故事糟透了！”彼得顶嘴说。

“反正，约翰·史密斯返回镇上，去了自己的五金店。你知道他干吗这么做吗？”

“因为开店时间到了，他回去干活了？”彼得猜测道。

“去拿金属探测器了！”玛丽亚几乎嚷出了答案。

“完全正确！给这位女孩一枚金星奖章。他拿了金属探测器，并把它带回了现场。”

“对一个老头而言，这一天走得够多的啦。”玛丽亚发表意见。

“是啊，”彼得同意，“他还穿着睡衣吗？”但是百睿客没有理睬他们的评论，接着讲了下去。

“好啦，这个金属探测器上有个红灯，还有一个小装置，在接近金属时会发出嘀嗒声。一旦他处在金块附近，灯就开始闪烁；而且他靠得越近，嘀嗒声就越大越急促。所以约翰·史密斯就是在地里随意地走来走去，灯时不时地会闪起来，嘀嗒的信号声也会响起来，他就顺着指引找到自己的金子。他挖出金子，放进自己的口袋，然后接着走动，相信金属探测器一路的指引。”百睿客的故事讲完了，等着他的朋友安静地消化故事的意义。

“要是蒸汽铲就更有趣了。”

“但寓意你懂了，是吗？”

“是的、是的，我明白。”彼得向他保证，“金子就是我——那个真正的我，而它藏在我的信念或痛苦的幻象当中。金属探测器代表我的问题，还有——”

“不完全是，”百睿客打断他，“闪光意味着问题在你生命中出现。

这是在帮你，让你觉察到有过程可走。嘀嗒声就是不舒服的感觉，这是位于你信念中心的动力来源。当你走得更近，嘀嗒声即不适感就增强了。它开始是刺激或焦虑感，你越靠近，不适感就越强烈。随着你开始挖掘，你更深地进入了痛苦的幻象，并将其视为纯能量，一直到你挖到了金子！金子就是量子门道，超越其上的就是那个妙不可言的你，那个……你怎么叫它都行：无限的力量、爱、道、禅、空……"

"我要叫它'弗雷德'！"彼得决定。

"你不能叫它'弗雷德'。"百睿客反对。

"你说了我怎么叫它都行的！哼，我就要叫它'弗雷德'。"彼得显得有些孩子气的挑衅略微惹恼了百睿客。他朋友的行为有些反常。

"不管怎样，每当你有问题时，这就是信号：让你看到你真正力量的机会来了。首先，你要承认有问题，但不要太陷入细节，因为这一切都只是故事罢了。然后留意问题向你反映了什么信念——或帮你觉察到了什么信念——以及与这个信念相关的感觉是什么样的。"

"得了，老是这一套！为什么到最后总是要感受你的感觉呢？"

"因为感觉是能量来源。你不喜欢去感受吗？"

"你知道我讨厌这些煽情的玩意。十之八九我连感受到的是什么都搞不清楚。"

"我来给你弄容易些。看着。"百睿客有些惊讶，他跟他的朋友总算找到默契了！在过去的十五年间，凯恩拒绝谈论自己的感觉，也不谈任何与百睿客工作有关的事，即使多年前他参加过一次百睿客带领的工作坊的一部分。当彼得不再做究主的学生时，他也中止了个人对内在世界的探索。他还是乐意讨论哲学和玄学，但他的感觉是任何人都触碰不到的，只有杰茜卡是例外——即便如此，也只是在她威胁不跟他做爱的时候，他才流露出感情。百睿客拿出一支笔，展开了一张餐巾纸，并在桌上摊平。然后他开始用正楷大字写出如下词语：

<u>问题</u>

信念

情绪

被遗弃、不配得、心碎

原初感觉

能量

纯能量（爱、喜悦、平和、力量……）

弗雷德（道、临在……）

“某种程度上，你甚至都不必识别出信念。你只要问自己：‘我在这个情景下感受如何？’并想想这三个词——被遗弃、不配得或心碎。因为一个人几乎在每个问题之下，都有这三种体验中的一种或多种存在着。比如，一旦你识别出你在感受不配得，你通常会开始在身体中有觉受。只要注意这些觉受，你就会认出一个或多个实际的感觉。然后——”

“你说的心碎是什么意思？你指的是像伴侣离你而去吗？”

“这是一种惨痛的失望或失落的感觉。当你失去某个你爱的人时，你会感受到心碎，当你认为有人背叛你时，也会这样。”百睿客解释道，“总之，你在身体里有不配得的觉受，就去留意这个觉受——它像一道门，通向人类感觉的国度。很快你会发现自己被拉到了不适感的中心，而且——”

“你这么做的时候，怎么样才能集中注意力呢？我的思绪会四处乱窜，我不认为我能保持注意力那么长时间。”

“嗯，我学到的一招是把手放在我有感觉的那个身体部位。这能帮助我集中注意力。一旦注意力放在那里了，我就持续留意感觉的中心，然后自然就落入感觉中了。”

“我们之前在究主的工作坊做的也是一回事。把感觉当颜色去看，倾听它发出的声音，然后进入感觉的中心。然后我们召唤更高的力量来融入这份痛并转化它，或诸如此类的。”

“不过这不是一个疗愈技巧，重点也不在于去改变、修正、疗愈或摧毁不适感。”

“但我不喜欢不适感！”彼得抗议，“它是这么……不舒服。”

“重点是把它看作纯能量，然后把能量本身看作道或无条件的爱乔装而成的。”

“弗雷德。把它看成乔装的弗雷德。”彼得想了下百睿客刚才所描述的，然后指向了餐巾纸上的字，“看看这儿吧，你写了纯粹的爱、喜悦和平和——这难道不是这个工具的目标吗——去感受所有那些好东西？”

“嗯，这个工具的目的是看穿幻象并体验到你本来面目的真相。”

“但之前你说过道和无条件的爱是同一回事。现在你又说这个爱、平和和喜悦是幻象。”

“是这样的。你可以说它们是在一个极高的频率上运作的能量——这么高频以至于它们看上去像静止的一样。”

“那么它们不是幻象啦？”凯恩说。

“如果是你在感觉它们，它们就是幻象。只要有一个你，还有你意识到某样东西，你就是在体验分离。因此，是幻象。唯一体验到超越幻象之上的时刻就是没有时间、没有我，也没有有形的事物的时候。”

“没开玩笑吧？！”

“我不想把这变成哲学理论。我只是讲在茧里头我对痛和问题的体验，与我还是毛毛虫的时候相比，是不同的。重点是完全如实地接受不适感，通过接受，你能看见它的本来面目。”

“好，如果我感受到痛并就此走过程，然后在过程结束前痛就消失了怎么办？”彼得问。

“那你就忘掉它，这天该怎么过就怎么过。”

“但我丧失了找到金子的机会。”

“还会有其他的机会，不用担心。这其实很简单，彼得。如果你生活中没有不适，就没必要走过程。如果你认为应该每天都做，就像某种灵性修持一样，我倒是可以借你一把锤子。你每天砸一次自己的手，就会有很多走过程的机会。或者……与其去找问题，你不如就练习体验欣赏，去欣赏这个幻象和生命本身的精彩绝伦。”

“我明白我一直在干什么了。”彼得拍了一下额头，“我在试着把我旧有的灵性规则手册应用到醒来后的状态中——还想着我必须每天遵循特定的步骤，并在某项灵性练习上非常精进。我还在找寻某样不在这里的东西，而不是去看见本然。”

“彼此彼此。”玛丽亚说，“我每天都这么做。”

“我也是。”百睿客表示同意，“我很肯定，在接下来的一小段时间里，我会不断忘记，然后不断记起我没有在某条灵修的道路上，也没有特定的老师去追随，也没有什么事是我应该去做的。”

“你们知道这意味着什么？”彼得带着大大的微笑，问自己的朋友们。

“知道，”玛丽亚说，“这意味着下一轮你埋单。”

再见了，黄砖路

我看进空无中的虚空，而它在说：“你好。”

——百睿客·肯尼迪

2008年12月—2009年3月

百睿客·肯尼迪的“灵魂暗夜”开始于12月的一天早上十点，那天阳光灿烂。他曾协助过案主和学员穿越生命中的黑暗时期——有时一个人会遇上这样的日子；他自己也经受了好几次惨痛经历的折磨，最强烈的一次是璐曼的去世。所以他饱经了思想上的黑暗、抑郁，以及情绪上的悲痛——包括绝望、无力、徒劳的感觉，还有其他形式的剧烈痛楚，有时候他真会痛得满地打滚。

但人们不一定非要经历一次具体的危机而被驱入暗夜体验。虽然丧失至爱或一次悲剧性的疾病可以加速这种体验的降临，但暗夜有时候可能呈现为长期的“存在性焦虑”——看上去没有其他明显的目的或原因，只是为了证实活在人体这个躯壳中本身就是痛苦的。

之后当他成为究主的学生时，老师把灵魂暗夜描述为在黑暗深渊中的探索期。一个人会在探索中面临弗洛伊德（Sigmund Freud）所谓的“原初过程”，其中包含了任意数量的基本的人类痛苦。在童年时期，所有人都为其所扰，随着他们的成长，他们相信正如究主所说的“与上帝分离”的信念。原初过程包括孤独、无价值、无力、无助、绝望、凄凉、嫉妒，还有十来种其他的感觉；所有的感觉都痛苦不堪，都显得漫无止境。一个人为感觉所掌控时，便很难看到在此之外的任何东西。早上十点进入这个特别的暗夜之时，百睿客根本不知道，穿越空无要花两年多的时间才能完成。暗夜始于维生素。

那时百睿客开车离开家，准备去好市多量贩店进行购物探险。他在路上听着广播里的一个健康节目，正准备换到音乐台时，他听到了受访的嘉宾在谈论她所推广的复合维生素的疗愈特性。显然，这种特别的维生素能够治愈癌症、疗愈关节炎并消除心脏病，“每天只要几分钱”而已。玛丽亚和他自己已经服用维生素多年，所以一开始百睿客渴望了解更多，但是随着这个女人不断地吹嘘这个神奇有机化合物的效果，百睿客感到一股激动人心的了悟穿过整个身体。那个维生素中没有力量！任何的维生素、药丸、饮食……是的……任何东西中都没有力量！他把车靠到路边，并停下，两眼直直地茫然凝视着前方。任何“东西”中都没有什么真正的力量。他在想，有的只是力量的幻象。他摸到夹克的口袋，掏出了一个小塑料袋，里面有各种维生素和草本药丸，这些本来是准备和热狗一起吃的——他每次去好市多都会买热狗。在他检视包装的时候，他想起了摇滚音乐剧《万世巨星》（*Jesus Christ Superstar*）里的一句台词，是基督对彼拉多[①]说的：“你手中一无所有；你拥有的任何力量，其来源都远超于你。一切都已经事先被安排好了，你无法去改变它。”

他想着：我接下来必须要辞职了，这个不合理的想法带来的震惊，远远超过了通常会引起的恐慌。它没有意义——没有力量。突然，他一直在直觉层面看见的东西击中了他，几乎像外力实际撞击他一样。他和玛丽亚谈过醒来后生活的含义、这对他做老师的工作

① 译注：宣判钉死耶稣的古罗马总督。

有什么影响等，但每次谈的只是如何在这个角色中继续工作下去。现在他开始看到，他意识上的转变在直接挑战他的实际身份。他意识到整个助人的职业都是旧有的催眠状态的策略，好让人们深信他们的本来面貌不够完美与完整，他们缺了点什么，因此需要别人来指点迷津。百睿客第一次向自己承认，他之所以成为咨询师和工作坊导师，是为了通过帮助别人，向家人和世界证明自己的重要性。他给自己安上的人生使命是促进世界和平——这为他的重要性增光添彩，也有利于他成为一个大人物！

他想起两三年前，他设计了大学级别的生涯教练和咨询课程，好让中国的代理去推广。他写了很多的材料，抵得上三大本教科书。这个课程应当让他的财务状况非常理想，让他可以开始过轻松一点的生活。"三本教科书，"他冲着风挡玻璃大声地说，"超过一千五百页的资料，没有一点是真的！"他想了想自己刚说的话，然后更正自己，"呃，至少98%吧。"但这些书代表着百睿客·肯尼迪的立足基础。它们是他身份的一部分，就像他穿的衣服和他梳头的方式一样。空无在他面前展开，他凝视着空无。无穷无尽的虚空似乎在一直扩展下去，越来越多，此时他所有的意义、目的和激情都流失殆尽，一切成空。突如其来的战栗顺着他的脊柱滑下——他意识到这个空无正在回头看着他，像某种不怀好意的智能一样，伸手想去控制他。

与百睿客换位思考一下：如果你的身份是基于你每天都遵循的特定原则和哲理，而突然这些原则和哲理都消失了，那你的生命将何以为继？你的职业怎么办？如果你是一个关系咨询师，和自己的人生伴侣一直都在实践自己的教导，然后有一天你发现你行动的依据是错误的，该怎么办？一旦你意识到了你的关系实际上是完美的——而且所有的关系都是完美的，那你该如何行事呢？如果说，关系的目的就是在前期帮你维持催眠状态，并在醒觉之后支持你体验你是谁的真相，那你如何还能接着做一个关系咨询师呢？

如果你教的是灵性心理学，而突然看到任何人的行为之下都没有深刻的心理学动力，这该怎么办？你怎么能帮助某个人发现你明知不存在的东西呢？如果你意识到，你给生命中的每个人和每件事所赋予的意义是直接关系到你对重要性及归属感的需求的，你会怎么做？如果你的行为、成就和拥有的动机都是这些需求的表达，而且如果这些需求都不再重要了，该怎么办？

如果你理解这些问题的含意，你就明白百睿客那刻在车中体验到了什么，与此同时，他周边的世界还是一片太平，照常进行。他认为在马来西亚的时候，他已经面对了过去常教的内容大部分无效的现实；但在他的脑海深处，他还在想课程内容会以某种方式回到他这里，好让他把这些内容与“醒觉原则”融合起来。但现在看来，马来西亚只是即将被撤掉的节目的预览，甚至会有更多的东西从他那里被拿走，而且一去不复返。他感觉自己像自由落体一样，还没有降落伞的保护，生怕自己会陷入疯狂之中。

随着他生命中的每件事和每个人都消融在无意义中，他想呼求某个更高的力量或至少是这个力量的人类媒介，让这个人指引他穿越无限的虚空。然后他记起了彼得在电话中对他说的话：“这里没有大师。”没有先进灵魂的等级区分，没有特别任命的老师……没有人可以拯救他。他的心思转到了嬷嬷尊母和究主那里，他想不顾一切地给他们打电话。他们必定知道该如何帮他渡过这种煎熬。但随着他更深地看向虚无，他开始觉察到一个奇怪的可能性——就是他们还没有到那儿，他们还在享受着催眠状态下的生活呢。

这怎么可能呢？他们比自己灵性上不知道要高多少！

但这也只是一个信念，而没有任何信念是真的！

他这才明白他之前把嬷嬷尊母、究主和其他的老师当作自己与未知之间的媒介。他幻想他们与神之间有某种特别联结，让他也能在自己可承受的范围内分期触及这股力量。但事实上，他一直在利用他们，来蒙蔽他对于空无的觉知，因为如果没有这些守门人，他必须去面对这个无法忍受的认知——他要全靠自己了。

他的内心世界变得越来越凄凉，他环顾四周想找到某样可以依附的东西、某个他可以栖息的安全港湾，然后他想到了自己的妻子和孩子。“噢不！”他大叫起来，他的心被悲伤碾得粉碎，而这种感觉只有在璐曼去世时才有，“请别把他们也带走了！”他充满了这个非理性的想法——他必须要离开他们，因为他们并非真正属于他。他必须要斩断对他们的依恋才能看见真相。他必须把几样随身物品打包装入行囊，面对他们脸上的痛苦、困惑和愤怒，把一切留在身后，只是迈开腿往前走。

每件事物似乎都在遗弃他，包括所有他所熟悉的、他认为是安全的东西。无论是什么力量在起作用，这股力量似乎在深深钻入他存在的核心。他提醒自己，你指的这股神秘力量就是你，这并非超越你之上的某物，因为没有任何东西是超乎你的。

他坐在车里一动不动有一个多小时，透过风挡玻璃，直直盯着前方，但实际上什么也没看到。渐渐地，在虚空中他开始感受到了一种临在。临在完全不具拟人化的人格特质，并且仅超过他可以有意识触及的范围，似乎就在他的觉知背后飘浮着。他开始慢慢地明白，虽然他的生活看似正在分崩离析，但这种体验中还有另外一种成分，它有别于其他暗夜的通道。在过去，他会被痛苦和困惑的旋涡横扫殆尽，他会在旋转的涡流中扑腾，并大声呼求宇宙、老天、神、嬷嬷尊母或任何碰巧能听到的神祇，请求他们把他从这个可怕的地方解救出来。但这一次又注入了一种接纳及超然的微妙感受。他有痛，但还好。他之前所知的那个世界正在瓦解，但这也还行。他很害怕但也很快乐。突然他可以看见了——真正地看见。“哇，看看那些鱼！”他一边自言自语，一边发动汽车，开上了高速公路。

“哇！看看那三条大鱼！”玛丽亚欢呼起来，指着湖里的一个地方，离他们站的岸边约有十英尺的距离。那时的记忆闪过百睿客的脑海，此时他正驶向好市多。他们那时在沿着麋鹿湖边的小道散步。百睿客很奇怪他们家乡对麋鹿的痴迷——他们有麋鹿角酒吧、麋鹿河、麋鹿湖、金麋鹿户外商店、麋鹿街杂货店、麋鹿湾、麋鹿角医院、麋鹿镇桥。当他们走近一小片可以沿着小道看到的沙滩时，玛丽亚立即兴奋地指了出去。

“在哪儿？”百睿客问道，并看着她指示的方向。除了蓝绿的湖水以及紧贴湖面的藻类植物外，他什么都没看到。

“你肯定它们不是麋鹿？”百睿客说了句俏皮话，然后望向水中，“我看不到它们。”

“就在那儿啊！”她一边说，一边把手指朝同样的方向戳了戳，似乎这能改善他的视力一般。

“我看的就是那里！我没看见。”

“你没有看我指的地方。”

“我看着呢。”百睿客有点恼火地回答，“你指的那个点是靠近那张红色糖纸的，对吧？”

“没错。噢！还有一堆小鱼呢！看上去有二十条左右呢！”

“好吧，你现在就是在蒙我吧，对不？”他嬉闹地推了妻子一把，她却坚持看着同一个点。

“百睿客，你怎么会看不见它们呢？”她不依不饶地说。百睿客接着看，对他而言那里似乎只有空空的湖水，边上有一片绿藻。然后，突然，湖水不再是空的了！那里有三条大个的硬头鳟，每条长约六十厘米，还有十来条更小更瘦的鱼在它们周边徘徊。

“我怎么就错过它们了呢？”

“你就是没有看嘛。”玛丽亚捉弄他。

“我是在看，”他一口咬定，“我只是没看见而已。”

看见和看是如此大相径庭。百睿客沉思着，把车开进了好市多的停车场。一路上，他体验到的都是看见幻象——一边承认他周边世界的表象，一边在超越智力、推理或逻辑的某个难以形容的层面上，他又明白他通过感官觉受到的其实并不存在。好似他培养出了另一种感官或某种觉知，能让他意识到一种无法定义但又非常真实的“临在”。之后，他将此描述成开车穿过梦幻世界，但这种描述似乎还是捉襟见肘。更难的是表达那时在他觉知中存在的东西，因为暗夜的通道在持续动摇他的信念和观念的根基，他的觉知充满了他从未感受到或从未知晓的东西。它超越了平和、喜悦、爱和任何其他可能存在的能量。它当中有一种恒定感，而且他知道，即使它从来不变，每次他体验到的时候，都会有一丝新鲜感。它甚至超越了恐惧——百睿客私下认为恐惧是世界上最强的力量。他找不到形容词——不管什么词——的一个原因是：每当有这个体验在时，他不在那里！百睿客·肯尼迪消失了，变成了超越时空的存在。一个念头浮现：百睿客是一个概念，只存在于时间和空间的幻象中。百睿客无法体验到那个永恒且超越维度的妙不可言的存在。而且，我并非百睿客！当他在量贩店里逛的时候，百睿客懂得在马来西亚所开始的经历，并没有偏离他所谓的“真实生活”，那就是真实生活。就像之前鱼在那里，百睿客却什么也看不见一样，现在，虽有临在，但他之前只意识到什么都没有。或许，之前那里什么都没有，而他却想象出了临在！

****

在几页之前，读者您被问到，如果您的生命失去了所有意义，而且您对重要性和归属感的需求对您不再有任何推动或激励的作用，您会怎么办。在这种情况下，百睿客的做法就是每天七小时坐在电脑屏幕前玩单人纸牌游戏。他一点也摸不着头脑还能做什么别的。

除了玩游戏外，他有时候会带家里养的两条狗——卡尔和安娜贝勒（当然是孩子给取的名字）——去散步，并思考醒来状态的效应。

他反复出现的一个念头涉及他在人生中曾经追随过的老师。他以前总是想，如果他发现他一直跟随的老师在误导他或对他撒谎，他会充满苦涩、难堪和某种背叛感。但是自从他意识到生命的整个第一阶段就是为了误导他、迷惑他，让他疑惑、震惊，完全进入恍惚如梦的信念——相信他只是一个平凡的人——这时就感受不到苦涩或后悔了。相反，敬畏的感受压倒一切。

这里没有大师。

他回忆起他求助过的许多老师，并在回想他当时如何仰望他们，认为他们比自己在灵性上要高出一筹。当他在社区的小路上和公园里散步时，他很难转换自己的视角。他们可是他的老师啊！他们有更多年头的经验，而且肯定比他更明智更有天赋。会不会他自己跳出了催眠而他们还在里面呢？他是否只是傲慢，可能还有点与老师竞赛的味道——包括嬷嬷尊母、究主和其他十来位对他影响重大的大师？他必须承认，虽然他仰慕这些老师，但他经常陷入对他们的嫉妒，有时甚至是怨恨中，因为他们胜过他。所以，也许他认为他们还禁锢在催眠中是他让自己“获胜”的方法。

百睿客认识到他才刚开始吐丝作茧，内在还有许多毛毛虫的成分，他还经常发现自己与旧的灵性标准较劲，因为这些标准与自己的体验不符。他以前一直都相信开悟的灵性道路是一架梯子，一个人通过努力和纪律才能往上爬。他仰视自己的老师，因为他们在梯子上爬得比自己高，而这种情况会一直持续下去。你不会超过你的老师。现在他意识到一旦他跳出了终生的催眠，便进入了全新的模式，这里没有灵性进展的梯子、等级之分、纪律，也没有其他许多他认为是绝对必要的品质。

这一次，他用整个身体、心智和感觉去体验了这个领悟。他对卡尔和安娜贝勒大声说："嘿，这里真的没有大师！"没有人被赋予低微大众所不具备的特殊品质。没有显赫的领袖、先知、上师，或任何其他类型的"特殊人群"。只有我所说的合一，他自思自忖，一边用塑料袋拾起了他的一条狗刚拉的屎，并向一个较远的垃圾桶走去。

最终，他来到了离麋鹿角酒吧不远的一个公园长凳上。他观看着卡尔和安娜贝勒在场地上互相追逐，并回想着在他人生的催眠状态中，自始至终都有许多的迹象呈现给他；有这么多的暗示，关于什么是真的、什么是幻象，而那时他一个也认不出来。璐曼的死为他提供了一条有力的线索：那时他在巨大的痛苦之中挣扎，但同时也认出了生命的精彩绝伦。但他把痛当真，认为精彩只是一个稍纵即逝甚至是值得怀疑的观点。

还有那次，他沿着大街走路，内在出现了光子、一缕阳光等诸如此类的东西，让他震撼无比。这不是一条小线索，他却设法将它用究主的教导包裹起来，而完全错失了这次体验真正的意味。也许这是在帷幕后的窥视，对这个不在意我和你、对和错、好和坏的永恒的惊鸿一瞥……在这个体验中，百睿客是不存在的，但是当他"回来"时（姑且这么说），这个体验不复存在，他留下的只是喜悦与爱的深沉幸福感。他对于重要性的需求牢牢抓住了这些感觉，并进一步创造出了一个全新的人格，即百睿客·肯尼迪——灵性老师、伤害的疗愈师、富有远见的领袖、神秘诗人、萨满，一个全面伟大的男人。他担当起了领袖的重任，并着手去实现他宏伟的人生使命：疗愈人类并拯救受伤的地球！

现在是2009年了，虽然他一想到自己作为老师时的行为表现就有些难为情，但他还是欣赏催眠状态巧妙无比的设计。他读到过一些演员过度陷入自己的角色，以至于必须住进精神病院，来忆起自己究竟是谁。这些人主要是肥皂剧演员和电视情景喜剧演员，他们在多年内重复扮演同样的人物。某位女士在晚间上床睡觉时，知道自己是个每周装扮成别人的女演员，而第二天早上她醒来，却成了自己所扮演的角色。她现在是班仁医生（Dr. Banyen），举世闻名的外科医生，不明白为什么周边的人都在用某个女演员的名字称呼她。同样地，他也完全受困于百睿客·肯尼迪的角色——一个失落的灵魂，一直在生命中漫无目的地游荡，直到一系列偶遇的发生，他开始承担起自己的真正目的，就是带领人们走出黑暗，并联合其他的光的仆人，去拯救地球免于毁灭。

然后有一天一个声音喊“停！”，他就记起来百睿客只是他扮演的一个人物——他装扮成的一个人。“我这表演应该提名奥斯卡奖才对。”他对自己的两条狗说道，一边弯腰捡起了另一条狗拉的屎（它们似乎总是找离垃圾桶最远的排泄点）。他把皮带系到它们的项圈上，然后开始往家走。

回到家后，他再一次坐到电脑前玩纸牌游戏，并对蹦到屏幕上的纸牌说话。“好吧，所以真相是我是无限的存在。我也可以说我是道、妙不可言者、那个非我、临在、纯粹完美的爱、永恒的平和、禅，无限智慧、力量和喜悦……”

“哇！”他背后一个声音说，“你是超人！我和一个超人住在一起！”玛丽亚站在门口，斜倚在门框上，双手交叉在胸前。她看起来一如既往地美。“你在大声地自言自语，你知道吗？”

“我必须面对的挑战之一就是找到语言去描述我是谁，”他解释说，并把椅子转过来面对她，“而这是因为语言本身是苍白无力的。语言代表思想，而这是远超于思想的。给我自己冠以各种头衔是很有魅力的，比如真理的追寻者、信徒、疗愈师、宇宙存在、先知、大师、菩萨，甚至是灵性老师。当有人给我像这样的诱人头衔时，尤其是像究主这样的老师给我时，我都会小小兴奋一阵。但当谈到真相时，绝对没有魅力，没有什么值得骄傲的，也没有语言去描述那超于语言之上的。在催眠状态你才会被引诱——而且也引诱他人——用的就是那些魅力。但我现在知道了这些没有一个是真的……那我现在能做什么呢？”

“你想做什么就做什么。”玛丽亚建议。

“我想做什么。”他若有所思地说，好像他在小心翼翼地尝试这句话，看是否恰当，“不，这个听起来不对。”

“为什么不对？”

“我也不知道，也许因为我从来没做过我想做的。”

“从没有吗？”

“嗯，除非它碰巧也是我认为我应该做的。”

“你还是孩子的时候就这样吗？”

“也许是，但是从少年起，我的整个人生就都与我应该做什么有关了。你知道的——被人喜欢和接受，或我需要做什么来生存下去。”

“那你在度假时怎么样？”

“就算这个时候，”百睿客坚持说，“我也总是在琢磨我应该做什么来享受我的假期。我要么在琢磨，要么大下午的躺在泳池边或在酒吧喝点什么，因为我想不出我真正想干吗。”他又想了一下：“我记得和朋友布拉德去山上跋涉露营，有时挺有趣的，但是支撑我爬上去的想法是我应该做到来证明我是个男人，我想有点吹嘘的资本。我终其一生都是在打造和维持一种身份，让我在社会上有一席之地——我做每件事的动机都是我对重要性和归属感的需求。每次我在某种程度上满足了这种需求，我的身份或我的小我什么的都扩张了一点，感觉更安全了一点。但这只能持续一小会儿，之后又回到了仓鼠转轮上，追逐着另一个需求的对象。”

“这也包括你结婚的理由吗？”

“我说是，你会打我一巴掌吗？”

“你跟我结婚不是因为爱我？”

“如果我说不是，你会打我一巴掌吗？”

“如果你一直问我会不会打你一巴掌，我可真要打了！”

“我爱你，玛丽亚。我甚至非常喜欢你，但如果你看看我们过去十八年来对待彼此的方式，很明显，我们所有的冲突和争吵都来自我们的需求——我们需要感觉到自己在对方的生命中是特殊的人。”

“这些我都听过了，你知道的。连你那本讲关系的书，都是我协助你写出来的。”

“我怎么能忘记呢？我们为每页纸争吵。”

“是每段话。”

“只是现在，我从这个全息图中醒过来了，我看见了——这比理智上的理解要清楚很多——我看见了我做任何事的动机是什么，而这几乎从来都跟我想要的无关。我甚至不知道‘想要’这个词是什么意思。我一辈子都是一只羊，想努力待在羊群里。”

“所以现在你不是仓鼠了，而是一只羊。”玛丽亚微微笑了一下。

“一只瞎眼的羊，”百睿客补充，“和一只宠物仓鼠一起。”

“一只瞎眼的羊。”

“是的，我完全是从众心理，就和其他每个人一样。努力遵守规定，好被人接受，甚至是佩服。我认为我对羊群越有价值，我就越觉得安全，但我必须持续地证明我的价值，才不会被推到群体的边缘，那里是较差一点的羊才待的地方。”

“我也是羊吗？”

“你咩咩一下……”

“但我是特立独行的——我从来不赶时髦或追随领袖！我是一个……一个叛逆者——这是你自己跟我说的！”

“没错，但你还是羊群的一部分。除非你对某事很执着，否则你也不会对此反叛。有些叛逆者甚至形成了自己的团体——他们自己的小羊群，而且每个加入的人都需要遵守特定的规则，以特定的方式行事——但他们还是在羊群中，而且他们连自己还是大羊群的一部分都不知道！小我对重要性和归属感的需求是让羊群聚集在一起的黏合剂。”

“那些独行侠呢？就像那些真正独立的、背道而行的人——还有隐士呢？”

“还是羊。你可以说他们是披着狼皮的羊。”他充满期待地看着她，“懂了吗？披着狼皮的羊！这是《圣经》中那句话‘外面披着羊皮，里面却是残暴的狼’的反解。”玛丽亚只是呆呆瞪着他，“啧啧，今天的听众不好整。”

“所以你认为你的老婆是只笨羊。”

“你从来都不笨，而且你也不再是一只羊。就像我在马来西亚时你告诉我的——现在你是茧里的毛毛虫——”

“仓鼠、羊、狼、毛毛虫……”

“我只想努力讲清楚。”

“是吗？”

“我在努力，但你的美让我分心。”

“这句话十年前对我就不奏效了。”玛丽亚报以疲倦的笑容。

“我这一辈子都只知道怎么做羊。我的自我价值感都建立在我和其他羊的比较上，我以为那些在羊群前端、毛色更好的羊比我强——你明白的，那些人更有钱、更有权、更帅、老婆更漂亮……”

“嘿！”

“只是开玩笑。但你知道我的意思。我披着求道者和真理老师的伪装，一生都在试图证明自己的价值，现在我知道了我的人生由谎言、故事和幻象组成，我不知所措。我觉得自己像一个……一个……”

“刚刚把头伸出壳的乌龟？”

“现在你懂这个意思了。”

“不过你是个好老师。”玛丽亚提醒他，但这让百睿客更加气馁。

“但是人们不需要老师！至少，不是我以前一直当的那种老师。认为他们不完整、受伤了，或在某方面不具备的想法是个谎言。”

“但他们不知道这些。人们真的相信你帮他们过上了更好的生活。这是否是真的不重要——他们觉得是真的。”

“我试过了，玛丽亚，我真的试了。我张嘴想讲我常教的内容，但什么也说不出来。他们认为我是什么，这都无所谓了，真的再也不重要了。我不认为我还能教不真的东西。”

“那就教真相。”玛丽亚反驳道。

“这方面人们不需要老师。发生在你、我和彼得身上——还有十来个我知道的人身上的，不是来自某个老师。没有一个人醒来是靠模仿另一个人的。这个信念就是让人们待在催眠状态的部分原因——等待着拯救者。”

“那你要怎么养家呢？”

“我不知道，也许去当男妓？”

“不好意思告诉你，亲爱的，过了这个村就没这个店了。你有点太老啦。”

“如果我去敬老院就不老。那里有不少孤独的寡妇。”

“她们忙着和孤独的鳏夫调情呢。现在正经点，你打算做什么？”百睿客唯一的反应就是无助地望着自己的老婆，同时接着在空无中飘移。

他每天玩纸牌游戏，遛狗，与自己的妻子和十几岁的孩子们出去玩，而阵阵的焦虑，伴随着层层的自疑，每天都会折磨他。圣诞和新年来了又去。有些天他醒来时感觉非常平凡单调，他马上就会想他是不是失掉了觉知，或又回到了催眠中。在这些时候，疑虑最重，似乎在嘲笑他从来就没有真正醒觉过，他之前的体验仅仅是暂时发作的精神错乱而已。然后他记起来针对自己的疑虑和焦虑走过程，过了几小时后，便又一次活在欣赏中。他甚至开始欣赏自己的欣赏，明白这是若干种感觉的结合。当他在马来西亚教课时，他写下了公式：敬畏+爱+感恩=欣赏。不过那时他是从直觉出发行动的，对于自己所写的体验甚少。现在，爱、敬畏和感恩成了事实。这就是欣赏的感觉啊，他想着，无条件的爱、震撼人心的敬畏，以及无限而非个人化的感恩。不是针对特定人或事的感恩，只是……大大地谢谢！

和家人之外的人沟通变得极其困难，这甚至包括了彼得和杰茜卡，不过他发现和他们的孩子在一起很容易。这部分是因为杰茜卡不理解自己的丈夫和他的两个朋友经历了什么，还有部分是因为彼得最近表现得有些奇怪。他会撇开任何严肃的对话或插入愚蠢的言论。其他时间，他会从尖锐的嘲讽急转直下，进入任性的沉默。而且，他似乎不能长时间静止坐着。但即使没有这些因素，百睿客意识到，交流有问题是因为他真的对任何人都无话可说，而且即使他有精力去说，他这次穿越暗夜的旅程也很难描述。

通常，每当他碰到什么重大启示或发现了新的心理学或灵性模型时，他是很难管住自己的嘴巴的。每次他都很肯定这个信息能极大地帮助某人，甚至可能让他们迅速开悟或至少得到永久的快乐和满足。但是这一次，即使他能找到表达的语言，他也不太想去和他人分享自己的洞见和启示了。

春天即将到来，曼纽尔和安杰利娜很快会再次投入中学生活中，而他仍然看不到暗夜通道的尽头——那里的光遥不可见。与此同时，百睿客从来没有这么开心过，也从没像现在这样明白，自己内在有如许满足。他洞悉了每当伟大演员扮演角色时会经历什么，因为百睿客肯定他感受到的应该和演员差不多。他把自己的经历描述为“百睿客的故事——由道主演”。一方面，在穿越空无的旅程中，他会经历重大的不适感或焦虑，而另一方面，他觉知到痛和名为百睿客·肯尼迪的这个人物本身都是不存在的。当演员演出悲情一幕的时候，演员会让自己产生真实的悲伤感来催泪，而同时知道自己并不是真的悲伤，只是在扮演角色而已。因此，既可以完全体验到悲伤，也可以同时具有演员抽离悲伤的超然。有痛，但没有受苦。

不过，时间突然一下子变得绰绰有余，他还是不知道该拿自己的时间怎么办。他想过写书，到头来却盯着电脑屏幕的空白页面发呆，最终还是回去玩蜘蛛纸牌游戏了。他想过学瑜伽或太极，但到社区中心的路还没走一半，他就掉转身，最后坐在了公园长凳上，眺望麋鹿湖，静静思索着什么让他感觉这么开心和满足。他把自己看作泛着一叶扁舟的男子，漂浮在风平浪静的海面；船在移动，但是没有哪里要去，他带着目的感在漂流，但是没有特定的方向。有一天他在想，是否这就是“信任生命”的意思呢？

When I Count to Three...

第6章 选择的幻象

我们必须相信自由意志，我们别无选择。

——艾萨克·巴什维斯·辛格[①]

① 译注：美国作家，诺贝尔奖得主。

2009年3月

3月10日到来了，标志着再过几周，他的工作年度也要开始了。百睿客开始注意到两件显著的事情，都和他的妻子有关。

“我们上次吵架是什么时候了？”他问她。他们正坐在餐厅的桌边，喝着早茶。

“我不知道。吵得太多我都不去记了。”

“这就是我要说的。我看我们从圣诞节开始就没有吵过了。”

“我看连在圣诞期间，我们都没有吵架！”玛丽亚吃惊地说，“真不可思议！我们总是在圣诞节吵架的——这是一个圣诞传统了。”

“是啊。”百睿客同意，并想到了在他们结婚早年，他们越来越精通于吵架时不让怒气波及孩子。他们的斗争通常不声不响地进行，或者在孩子熟睡后通过恶狠狠的耳语进行。如果孩子在边上，他们会尽量做出有效沟通和冲突解决的最佳榜样，通常一个或两个孩子出现就会促使他们表现得成熟而负责。这么多年他们取得了许多美妙的突破，但还是会经常口角。

他还注意到了别的事情，但是担心提出来会运气不佳。他看着玛丽亚，后者正冲他开心地微笑，让他心疼，并不由得欣赏他妻子的惊人美丽——尤其是当她这么笑时。他决定去表达他的想法。

“这些天，你看起来也更开心了些。”

“我总是很开心！”她回答。

“不，你不是的——不是这样的开心法。过去你会开心是因为孩子开心了，或我们有什么好消息了，或我们克服了困境之类的。现在，你似乎无缘无故地就开心。”

“我猜我意识到了你不是我的源头。”她想了一会儿解释说，“以前好的感觉总是取决于你对待我的方式。我对你有如此多的期待，但你从来都不是我想要的那类老公。而且我总觉得你对我也很失望。”百睿客在回想他们的婚姻一路走来有多艰难，尤其是在头五年，但即使在那之后，一直到今日也不容易。他记起了约瑟夫·坎贝尔（Joseph Campbell）的一句话：“婚姻是一种磨炼。”大卫·史纳屈博士（David Schnarch）的观点是：“当生命想让你成长时，它会给你送来一个刺激物。”这个刺激物一般显现为他妻子做的什么、没做的什么，或说的什么事。百睿客估计——通过玛丽亚——生命已经让他成长了许多，现在他应该是长得硕大无比了。

作为婚姻咨询师，他曾提倡在关系中要有个人全责性的智慧。他有一些指导原则，被他北美和欧洲工作坊的学员称为他的“十诫”。这些指导原则包括：

1. 放下你的期待。你的伴侣不为你的幸福或你的不幸福负责。
2. 不高兴的时候，不带指责或评判地表达感觉。
3. 吵架的时候，愿意做错的那一方。
4. 面对自己的不适感并练习自我安抚。
5. 不要用愤怒去控制你的伴侣。

百睿客可以毫不费力地背出“幸福关系指导原则”的剩下几条，

因为他讲解和板书已经数百遍了。每当他向新案主或学员介绍“不带期待的婚姻”这个概念的时候，总是有恼怒的问题向他扔过来。“如果我不能从我伴侣那里指望任何东西，我还结婚干吗？”正是期待让关系变得特别；为你的伴侣改变自己行为的信念证明了你的真爱和承诺。期待其实证明了关系中的爱是极其有条件性的，但人们经常忽视这点，甚至会动怒，因为百睿客坚持说婚姻与爱无关，而与对重要性的需求有关。

多年以来，他和玛丽亚两人都亲身实践，放下对彼此的期待，并放下对婚姻的期待，但是他们的尝试和他们对另一个选择——接纳的恐惧是相冲突的。这种恐惧经常会被他的案主表达出来，尤其是在个案咨询期间。

“我知道我应该放下对他的期待，”马琳，一位心怀不满的妻子承认，“我就是不断地对他失望，我还能做什么呢？”

“你有没有考虑过以他本来的样子接受他？”百睿客建议。

“你是在开玩笑吗？如果我接受他本来的样子，他就永远不会改了！”

“也许，但如果你真的想去学如何爱他，你不妨练习爱他本来的样子。”

“但是他就永远不会改了！”马琳更加强调。

“你已经指出过这点了。”

“我不想爱他本来的样子；我想爱他应该有的样子。有什么女人能够爱一个公开放屁的家伙？我没开玩笑，百睿客——他在公开场合又放屁又打嗝。太尴尬了。”

“嗯，无条件的爱意味着爱不带条……”

“……而且打嗝声超大！他还觉着很好玩！而且他从不欣赏我。他从不带我出去吃晚餐，也不一起散步了。他回到家，在晚饭前和孩子玩一下，吃完了，打一个响亮的饱嗝，然后坐下来看两三小时的电视。即使我试着和他沟通，分享我的感受，最后我们还是会吵架，然后他就回到他的老一套中去了。”

“你跟他分享感受的目的是什么呢？”

“这样他就不会再忽视我了。我试着想让他改变。”

“你这样试了有多久了？”

“大概我们结婚一年后就开始了。”马琳简单计算一下回答道。

“那他改了多少呢？”

“几乎没改。”马琳痛苦地回答，“事实上，如果有改的话，他是变得更差劲了。”

“那么是什么阻止你去接受他的本来样子呢？”

“如果我这么做，他就永远不会改了。”

“如果他永远都改不了呢？”百睿客问。

“我不知道，但是我对神发誓，如果他在桌前再打那么一个恶心的嗝，我就要宰了他。”这个，就是尝试放下期待的主要问题了——百睿客坐在妻子的对面，有了这个领悟。对大部分人而言，接受伴侣类似于无奈地认输。无条件的爱是个伟大的想法，诸如此类的都是伟大的想法，但是当你想到那个你本该无条件去爱的人的时候，就不切实际了。人们结婚时并不是奔着爱去的——爱只是一个想法，他们用爱来隐藏自己的真实意图，就是满足自己对重要性、安全感和保障的需求。

“你是说你已经放下了对我的期待吗？”百睿客问玛丽亚。

“我不这么认为。”她回答道，抿了一口茶，“更像是期待放下了我。当我意识到我就是我一直在找的快乐时，我就停止在你这里找了。事实上，我们所有改善婚姻的努力只是在强化我本来的样子不够好的这个信念。每当你向我表达感激或爱的时候，都没有你表达对我的失望那么让我当真。虽然失望和批判伤害了我，但私下里我总是认为批评才道出了我的真正事实。”

“太棒啦！”百睿客喝彩道，并半打趣地说，“现在我生命中又有一块领域无事可做啦。”他再次想到生活中现在多出来的所有空闲时间，而以前他会用各种活动来填满这些时间。现在有些空下来的时间，以往他会用来准备工作——设计工作坊课程、写文章，或忙于他最新的书。接下来，还有些时间，他也不再用于专心阅读灵性心理学的书籍，或致力于自己的健康和饮食了。现在，另一大耗费时间的事情——处理关系也凭空蒸发了。这包括长时间的有效沟通（其实也没太大效果），料理自己受伤的感觉，练习观想来放下自己的期望，放下自己非对不可的需求，并重复正面或“灵性”的真言来帮助他超越这个情境。他必须承认和玛丽亚吵架是消磨时间的绝佳方式，而同时他可以告诉自己他在情绪上和精神上都“成长”了。“我现在要拿所有这些空余时间做什么呢？”

“你想做什么就做什么。”她建议道。

“噢，我们又绕回来了。”

“我不是在说百睿客想做什么，你明白的。我说的是，不管你会做什么，都是那个你，运用无限智慧创造出来的，百睿客这个人物所要做的。”

“那我怎么知道是什么事呢？”

“因为你会去做的。就像现在，你和你美丽的老婆在一起喝茶。这正是你想在这个梦中、在此刻所体验的。”

“但这太没劲了。”百睿客反驳。“不是‘美丽的老婆’这个部分啦——这总归是很棒的！”他向她保证。“但看看我们一天都做了些什么——一切都是例行公事和一堆责任。我是说，如果我真的是无条件的爱的力量，如果我真的是无限的创造力，那为什么我要创造出这么平凡世俗的经历呢？”

“我不知道，也许对于真正的你而言，这些并不平凡世俗。也许如果你，百睿客，不去评判你现在做的，你就会不可思议地充满喜悦。”

“你是对的！其实我觉得很快乐。”他意识到了，“这种快乐是持续的。它不依赖于任何事，也不需要任何事必须按特定方式进行。我可以坐在垃圾场中一个巨大垃圾堆的顶端，也可以坐在海滩边，这两者的快乐没有差别。我还是在摆条件，看哪些情况有助于体验到我一直都是的无条件的爱！玛丽亚，你是个天才！”

“而且我还很漂亮。”她顽皮地眨眨眼。

“你太美丽动人了——你是个美丽动人的天才！”

“这么说，我接受。”她微笑着又回到了他们之前的对话上，“我不像以前那样对你有那么多期望了，因为我知道如果我觉得不快乐，是因为我没有看见自己就是那个快乐。我以前常想我不快乐是你的错——或至少部分是。有时候我也会责怪安吉或曼纽尔，但主要是你。我现在感觉不一样了。每次我向内检视，我注意到快乐还在那儿，就在我任何感觉的背后。也许说'背后'不对，但不管怎么样，觉知看见了它或记下了它的临在。我意识到，如果我没有体验到快乐，那我体验到的就是些幻象，但当我拥抱幻象——带着接纳和欣赏去拥抱时，我意识到了幻象就是快乐。我以前只是假定我对它的评判才是真的。"

"噢，伟大的上师！"百睿客大声说，交叠双手，向她鞠躬，"您是真正智慧而慈悲的。只要命令我，我就会按您的吩咐去做。"

"好啊，你可以出去把院里的狗屎清理一下。这可是个好的开端。"

"当然。曼纽尔一回家我就让他去做。说真的，玛丽亚，你知道我一向都佩服你的智慧。"

"我一向都佩服你的好品位。"

"那不见得，你总是能化繁为简，但现在你又有些不一样了。你甚至更容光焕发，而且笑口常开——太神奇了。"

"你有没有想过接下来如何工作呢？"她突然转换话题问道。

"一点头绪都没有。"他承认，当焦虑回来的时候，他的腹部肌肉开始收缩。

"也许百睿客毫无头绪，但可能你完全知道该做什么。"

"嗯，既然百睿客这个家伙怕得要死，那为什么'我本所是的道'不给百睿客一丁点该死的暗示呢？"他离开房间，回去接着玩纸牌游戏，同时在思考着玛丽亚说的两句话：你想做什么就做什么；这正是你想在此刻所体验的。纵观他的一生，他总是需要某种计划来指引他的决定和行为。他在不停地做日程表，制订一年、三年和五年计划，他以前甚至会拜访塔罗牌占卜师、占星家、通灵者，让他们给自己一点洞见，看看自己未来应该在哪里、应该做什么。不过现在，那个空无已经抹去了他的计划、日程表和议程，让他在不确定中漂泊。

在过去，他会做噩梦，梦到带领工作坊的时候一片混乱景象：人们进进出出，大声讲话，或在他想讲课时忽视他，而且局面几乎控制不住。他通常会满身大汗地从梦中惊醒，还带着非常清楚的印象，就是他真的无法控制自己的生命；而他自己也很惊讶，这么多年来，他在工作坊的环境中总能安然度过。现在他想知道，如果他站在一帮学员面前宣布他没什么可教的，到底会发生什么。

****

“知道什么会镇住我吗？”彼得问自己的朋友。

“知道，你很惊讶我怎么会一天比一天更不可思议。”百睿客猜测。

“是啊，你妄想起来真是不可思议。”他们四个坐在西里雅思咖啡店（Serious Coffee）的桌边，这儿离肯尼迪一家住的地方不远。

杰茜卡也加入了他们。她刚从母亲那儿探望回来，这次把孩子交给孩子的外婆照管了。彼得今天的情绪比较平和，但百睿客还是可以感到他和杰茜卡之间不太对劲。“不，镇住我的是围绕着‘选择’的所有谜团。有的哲理说，你的人生如何演变取决于你做的选择。我的意思是，我们都是被按天主教徒带大的，对吧——就是几个乖乖的天主教小男孩。还记得我们受坚振礼的时候吗？”彼得指的是天主教会在男孩女孩到了七岁时，被确认为教会成员的一种仪式，“我那时七岁，这个仪式按理标志着人类理性年纪的开端。在这个年纪，我应该可以分辨我的思想、行动、感觉和语言中的对错。”

“你现在还是不能分辨对错。”百睿客和他打趣，但是凯恩置之不理。

“道理我是懂的，但对怎么应用从来都很糊涂。我刚停止尿床才短短四年的时间，我就应该能辨别我的哪些想法、感觉和行动是对的，哪些是错的——这不是在开玩笑吧？我才七岁呢！其次，我还应该能读取我的道德指南针，以选择在每个情况下如何回应。”

“这些都和‘选择’有什么关系？”玛丽亚问道，试图让他回到正题上。

“正是在青少年的时候，我开始认真地质疑强加在我身上的洗脑。我暗自想：嘿，等等，为什么这些都是我的错？我没有创造自己，甚至出生我都从没要求过，我肯定也没有故意选择做这么一个罪人。而且神干吗把我变成一个罪人呢？他让我充满潜能，可以变好也可以变坏，然后，他把变好弄得太他妈难了，搞砸却很容易！

“这就像整个健康食物的悖论一样——为什么凡是我喜欢吃、喜欢喝的东西都对我不好，而所有味同嚼蜡的玩意都是健康的？这像一个难以置信的残酷笑话一样。而按理说我对食物的品味应该是我自己的选择。我要能置自身喜好于不顾，不吃喜欢的东西而专吃讨厌的东西，选择让自己更健康些。但我是否曾选择过，要拥有我现有的这种味蕾呢？”

“你又岔开了，彼得。”他的妻子提醒他。

“哦，哦，是的，所以我要说的是，你，杰茜卡，相信自己有选择权吗？”

“我当然有——每个人都有。”

“如果有的话，你是一直有还是只在特定情况下有？比如你现在选择让你的心脏和其他器官保持运行，但你能选择让它们停下吗？”

“我不能通过大脑让它们停下，但我可以选择用刀或枪让它们停下。”杰茜卡反驳。百睿客观察着她对丈夫的反应，很惊讶她现在对谈话这么投入，而以前她是避免谈这些话题的。

“当你生病的时候，你有选择过要生病吗？你是什么时候选的——是你打第一个喷嚏的一天前、一周前，还是一个月前？或者，让我们更简单些：上次你生气时，感受到愤怒是你有意识选择的吗？是不是火突然就冒了起来，而此前你连想都没想过？”

“噢，我猜我可能在潜意识或无意识的层面上做了选择。”

“你什么时候选择了要有潜意识地选择呢？”

“我不记得我人生中选择的很多东西，但是我知道我选择了一些东西，所以我知道对发生在自己身上的事我还是有些发言权的。我选择这杯爪哇摩卡咖啡，而不是我常喝的拿铁。我记得今天早上决定去吃点不一样的东西。”

“而这个想法是从哪里来的呢——这个想尝试另一种咖啡的想法？它是不是就从你的大脑里蹦出来，而你的身体就跟着这个冲动了？”彼得不温不火地问。

“所以你现在说的是，我没有选择去选择。”

“我早上刚醒来的第一个念头是：‘嘿，彼得，你没有选择醒过来，是谁或什么决定了你应该在这个特定的时刻苏醒？’所以我就开始思考了。我和帕特以前跟究主学习个人全责性的哲理，它的主要理论基础是：发生在你身上的每件事都是你的决定——现在的决定，或是过去某刻做出的决定——的后果。这就引出了如下提议：如果你不喜欢你所拥有的，你可以另做选择。如果你确实做了另外的选择而你的处境没有改变，这是因为你做出的潜意识决定更强大，因此维持处境原封不动。如果你找不到这个潜意识选择，即使有咨询师或教练的帮助都找不到，这是因为你并不是真的想要找到它；你在无意识地选择不去觉察你的潜意识选择——你潜意识选择让自己接着不开心下去。我现在是这儿唯一觉得这个哲理不靠谱的人吗？”彼得花了片刻，打量了一下每个人，然后接着说下去。

“转变你人生的力量依赖于你做出的选择。你现在可以选择快乐！你现在可以选择变得更有爱、更无私。这个消息听起来如此充满希望、激励人心，你很可能会配合，并宣称‘我现在就选择快乐和爱’！但是，如果你的潜意识选择比你的有意识选择更强，而你的无意识选择比前两者还要强。而且如果你永远都无法觉察到你的无意识和潜意识选择，那么，即使是今天要喝什么样的咖啡，你杰茜卡是否还有权利选择呢？”

“我不觉得选择快乐有什么错。”杰茜卡顽固地反对。

“是没什么错，”百睿客插嘴说，“这是完美的。只是它的运作方式并不是专家说的那样。这里的关键是‘选择’这个想法。伸出你的手并选择一百万美元在手里出现。”

“这太荒谬了。我知道这是不会发生的。”

“但你认为你可以说‘我现在就选择快乐和爱’，快乐和爱就会出现，是吗？”彼得说，“哪怕快乐和爱比一百万美元要有价值得多。你认为个人可以选择，我看这个想法就会干扰你，让你无法真实看见你在此时此地所拥有的。”

“我曾花了数千个小时带领工作坊，其理论基础就是个人全责性。”百睿客直言不讳，支持彼得的说法，“在1997年前后，我遇到了一对老师。我当时是他们的学生。上课时老师给我们展示了一个治疗手法，叫作F.A.C.T（面对、接纳、选择、采取步骤的首字母缩写）。简而言之，每当你遇到问题时，你就采用这些步骤。”他再次拿出笔，玛丽亚给他展开了一张餐巾纸好写字。

面对：“首先，你要面对在这个情境中产生的不舒服的感觉。”

接纳：“其次，你只是去完全感受这个感觉，不带任何反应。”

选择：“再次，你选择在这个情境中你想如何。”

采取步骤：“最后，你选择一个可以有效处理这个问题的行为。”

百睿客把餐巾纸转向杰茜卡好方便她看。

“这个理论是，一旦你面对问题，并百分之百接受它以及它带给你的痛，你就可以选择睿智、有效的回应方式。就模型而言，这个理论的卓越之处在于它很简单，和许多其他的新时代技巧一样。我最终不得不问自己的问题是，使用这些技巧，背后是什么？它们的真正目的何在？你认为它们的目的是什么，杰茜卡？”杰茜卡想了差不多二十秒，与此同时，彼得在另一张餐巾纸上涂鸦，玛丽亚也在用一张餐巾纸练习折纸艺术。

“帮助人们充分发挥潜力。帮助人们提高生活品质。”

“这有点像一直在我脑海里萦绕的那个答案。我发现这些技巧来自我们要改变或改善自己的渴望，以及我们想获得持久快乐的渴望。但是，现在再想想，我看追寻快乐可能是人类所遭受的最大诅咒！第二大诅咒是如下信念：一个人必须改变或改善才能获得这种幸福。太精彩了！接纳是通向真相的关键，它就在眼前，而我却不断地忽视它，因为我认为我必须得改变、改善、疗愈、超越、成长、进化、证明我的价值、更有纪律、挣得我去天堂的道路，尤其是要做正确的选择！我不停地被选择这个想法干扰，要不我是可以明白接纳这回事的。我可以面对我的问题，和我的不适感待在一起，按理，这么做能让我如实地接受问题。但事实上我把接纳看成一个麻烦的步骤，我必须这么做，才能步入正轨，有更好的选择。这不是真正的接纳——这是一种捏造出来的接纳，好让我甩掉不适感。‘是的，亲爱的痛，我完全接纳你。我拥抱你，爱你的本来面目。现在赶快滚出我的生活吧！’”

“好吧，如果你接受痛，它就一直待在那里了。”杰茜卡建议，“如果你欢迎客人进来，客人就会进来，只要还受欢迎，就会一直待下去。我原以为接受一个问题意味着你不再对抗它或抵制它。你接受你有问题，然后你努力去解决问题。我们就是这么成长的，不是吗？”

“让问题——或痛——变成错的，就不可能如实接纳了。”彼得发表意见，头都不抬地还在涂鸦。

“你是在说，一谈到想要成长和过更好的生活时，我其实没有任何选择吗？我就只能学会容忍问题和受苦吗？”杰茜卡对她丈夫说。

“他是说如果你想要改变某事，你首先肯定是在评判它。”玛丽亚开始抒发己见了，“而如果你评判某事，你做的就是接纳的反面——你在拒绝它。而拒绝某事就是另一种形式的紧抓不放。接纳任何事物就是从它那里解脱。你不会想留住它，你也不会想推开它，你只是和它在一起。在这种不起反应的觉知观察状态中，你可以看见它的本来面目——它是幻象，因为无条件的爱的力量和临在而变得栩栩如生。”这四个人沉默了几分钟，这时杰茜卡坐了回去，思索她刚才听到的话。然后，她往前坐了坐，似乎她脑袋中冒出了一个想法。

“那么，在个人言行方面，如何看待个人全责性以及社会责任的概念呢？”

“你指的是一个信念——你总是要为你的行动以及导致行动的选择负责。”百睿客开始回应。

“除非你有个好律师。”彼得插话道。

“选择是个人全责性的理论基础，但它是对错之间二元对立的明显例子，而且通常似乎都隐隐指向内疚和恐惧。对我而言，‘承担责任’或‘负责’多半意味着承认我做错了或选择错了。即使这只是一个失误，我的内疚还是会让我觉得我选择错了。”

“但如果你其实没有选择呢？如果你认为的选择或决定只是放到你脑袋中的想法，而且它的来源和其他每件事一样呢？毕竟，如果你在梦中体验到它，它是梦的一部分，因此来自做梦者，而不是梦中的杰茜卡。做梦者永远不在梦中，但是创造了整个梦境，而且似乎把梦当真的一样在体验。你认为自己是杰茜卡，但杰茜卡这个人是结果，不是原因。在这个人生故事中，你所扮演的人物是没有选择的。你是个烤面包机，还以为你可以自行开启运转。”杰茜卡坐了回去，若有所思，在他们聚会剩下的时间里，她基本上保持沉默。当他们彼此拥抱道别时，杰茜卡望着百睿客的眼睛，表情痛苦地说：“关于选择你可能是对的，百睿客，但是生命当中有些东西我是绝对不能接受的。”

在他们从咖啡店回家的路上，百睿客想到他和彼得告诉杰茜卡的正好是他本身需要听到的。一旦回去工作了，他可以教什么或应该教什么是无从得知的。无论我分享什么，都是“妙不可言的我”选择让这个人物说的结果。他感受到了一阵激动穿越身体，并放松进入了一种类似信任的感觉。

他的生活变得很简单。当他记得的时候（当然他永远不能选择去记得），他会以欣赏的眼光看待这个世界；当他不舒服的时候，他会接受自己的不适感，只是和它待在一起，一直到他能看见它的真相。当他和别人分享时，他会留意自己的用语，并观察到沟通变得更精练，因为他的语言反映了在梦中醒觉的体验。每当他觉察到了生命中的一个局限时，他会看到局限实际上是完美的，并接受它的虚幻本性。不过，只有他记得时才会有这些回应，而记得并不是他的选择。

你练习得越多，你就越会记得去练习。他在大脑中听到了究主的声音并微笑起来。百睿客无法选择去记得练习！百睿客是一个选择的结果；是道——他的本来面目做了这个选择。

跟着玛丽亚进屋的时候，他感到非常轻快，甚至在想他是否已经完成了穿越空无的长途跋涉。而事实上，他的暗夜旅程才刚开始——当他看到女儿安杰利娜面部朝下趴在地板上，鲜血从左耳一点点滴下时，这点便暴露无遗了。

第7章
火刑

今天的危机是明天的笑话。

——赫伯特·乔治·威尔斯

在过去，当遭遇重大危机的时候，百睿客会进入超级拯救者的模式，以设法尽快解决问题。他会找来有合适科学背景的专家来处理身体和技术方面的事，同时，他也会招募其他领域的疗愈师来应对不太具体的、更形而上方面的情况。要按以前，他会给究主打电话，请老师来帮自己面对潜意识动力——正是潜意识动力把这个悲剧吸引到了自己的生活中，还会让自己的灵气朋友们提供治疗，要么直接用在身处险境的人身上，要么远距离治疗；而同时，如果他认为有用，也会让通灵者、占星家和能量疗愈师参与进来。他还会在互联网上把消息传播出去，请求人们在能量层面提供祈祷和任何方式的疗愈。百睿客自己会进入深层的冥想，聚焦于身陷危机的这个人，找到麻烦的根源，并呼求宇宙大发慈悲来移除它。

安杰利娜躺在医院的病床上，处于昏迷状态。当他坐在病床边时，他没有做以上任何事情的冲动。按医生跟他讲的，她可能会醒来，也可能不会。她的数学老师和两个校友来到医院，解释似乎是一个乱窜的篮球无意间砸到了安杰利娜，引起了这一切。安杰利娜那时一直在学校操场上，离她较远一端的球篮下有人在打篮球，球飞了出来，啪的一下砸到了她的后脑勺。这导致她前额撞上了离她最近的球篮的柱子。她似乎有一点眩晕，但问题不大，并在结束休息的上课铃响起后回到了课堂。课上到一半，她走到数学老师身边，告诉他自己必须回家，因为她的头开始痛起来。她独自走过了几个短短的街区回到家，撑到了客厅，然后就在那里倒下了。

百睿客回想起她出生的那一天，他很快就和这个女儿联结上了，并再次重温他把另外两个小宝宝——先是璐曼，然后是曼纽尔——抱在臂弯中的种种感受。这是身为人父的痛苦和欣喜——你马上就知道了，你会体验到你孩子所经历的每个高潮和低谷，你会毫不犹豫地为他们献出你的生命，但同时你感觉很无助，因为你知道你没有力量来永远保护他们，以免受世间苦难的折磨。很多次他都在思考，一个人为自己的孩子去死比为他们活着要容易许多。

百睿客没在意医院的环境，他尽量靠近女儿坐着，注视着她美丽的脸庞。她看上去如此宁静，很难相信几小时前她差点就死掉了，而现在还在为活下来而挣扎。他们把她颅骨下部的积血放干净了，对她进行了所有合理的检查，而她正处在昏迷的神秘状态，没有一个医生可以预料结果如何。玛丽亚躺在他们推进来的小床上，这样她可以日夜守护在女儿身边，但是病房里放不下两张这样的小床，而百睿客也没有任何离开的意思。当玛丽亚提议两人轮流休息的时候，他坚持说有椅子就够了。他胸中的痛楚勾起了他二十年前的悲痛——那时他抱着女儿小璐曼，她在他怀中奄奄一息，艰难地咽下了最后几口气；无法忍受的悲伤就像利刃一样，深深地绞入了他的心中。二十年前，他从头到尾都在祈祷，拼命地向任何他可以想到的神祇或非个人力量祈求。但是这一次，百睿客不会再向宇宙求救了。

他想到了他向彼得讲的史密斯先生和金矿的故事。那时，他说每个问题——每个问题——都是一个信号，表明你更加靠近金子了。当时，他自信满满、斩钉截铁地解释说，一旦你从梦中醒来，问题存在的唯一原因就是帮你忆起你是谁。他看着病房中的女儿，疑惑重重。如此悲剧而伤痛的事情怎么会让他忆起他是谁呢？哪怕以这种方式看待当下的情况，他也觉得是很自私的——为了自己的利益，牺牲了他的女儿，也不顾她可能会死去。在这紧要关头，他应该是完全无私的，他应该殚精竭虑、全心全意地投入女儿的得救与恢复才对。他可是个灵性老师和疗愈师啊，真该死！

生命当中有些东西我是绝对不能接受的。他听到杰茜卡的话语在脑海中回荡，他现在完全明白了这句话的意思，因为他自己的女儿正躺在他面前，危在旦夕。他怎么能接受呢？先别管接受在这种情景下显得多么不可能，接受本身是否意味着让他摆脱对女儿的依恋，任由她独自飘零、无依无靠呢？他身为父亲的依恋是否有助于女儿活下来呢？

究主会建议他静心冥想，并在心中观想安吉。然后呼求上天把光带下来给她，并将她包裹在上天的恩典中。接着，使用祝福的力量，这是在印度从佤提嬷上师那儿学到的技巧。把双手放到安吉的头上，并将纯粹的能量传导给她。无私地奉献自己成为上天的通道，并拯救她！

但他随即意识到了拯救女儿的想法是自私的，而过程才是无私的选项。你走过程不是为了任何个人的利益，而是因为在真相中你不是一个人物。你是无我的，在经历一个人类的、个人的、自私的体验，而且在你女儿的病床边备受折磨全都是这份个人体验的一部分。想到他在放弃安杰利娜，他觉得很内疚。他闭上了眼睛，并将觉知带到心间，而那种剧烈痛苦似乎在散发。我受不了了！如果我失去了她，我连一秒都不想再待在这个星球上。他用意志让自己更为放松，去感受自己缓和地坠入了痛之中，似乎他坠得越深，痛也越强。他喃喃自语，帮自己保持专注："这份痛不是真的；它是幻象。我是道，有意识地创造了痛。它感觉如此真实，但它实际上是真正的平和、喜悦、无条件的爱乔装而成的。我欣赏不了它，但是我意识到它异常逼真，意识到它在如何愚弄我，我欢迎对真相的觉知回归。"他停顿了一下，去观想纯粹的能量从痛中拔了出来，并充满了他的心和脑，但突然图像消失了，他直觉地感受到了难以名状的认知。此后，他会说这是感觉或觉知到了清晰。这里没有他通常说的光或力量。只是……什么都没有。随着这个力量向我揭示它自身，我对自己真正是谁的觉知也在增长。我是……脑海中没有出现任何词……我是……

我是。

百睿客睁开眼睛看着女儿，痛又像潮水一般涌回。最初，他认为自己的过程无效，因为他把一些话语的顺序弄混了。然后，他想到他是在找实际证据，来证明过程是有效的。他必须承认，他在期待通过走过程，安吉会睁开眼、坐起身，并且完全康复。他也是在排斥这个情景，拒绝接受他的小女儿再也回不来的可能性。他备受煎熬，眼泪夺眶而出，恨不得去扯自己的头发，毫不遮掩地大吼大叫。不过，他强迫自己镇定下来，并更深地呼吸。这一次，不仅仅是挖一点点，捡起一小块金子而已。这回，他必须开挖隧道，穿越一座山，而且要在黑暗中不断挖掘，直到他找到主矿脉为止。他看向小床，发现玛丽亚也没有睡觉。她的脸看上去极其专注，她在用自己的方式处理悲痛。

在接下来的后半夜中，百睿客不断地在过程和短眠中来回拉锯。有时他用话语来保持注意力，而其他时候，他只是尽量放松进入痛，观察痛，而不带任何反应。有些片刻是超出时间之外的，只有简单纯粹的临在，而每当百睿客“出现”并试图捕捉它、认同它时，这个临在便会完全消失。每次他只能睡着几分钟，当他短暂地打瞌睡时，他会从椅子上猛然惊醒，恐慌地看向自己的女儿。然后他会接着一遍又一遍地走过程。百睿客会捕捉到自己正“试图”去创造某种结果的时候，或自己企图运用过程来疗愈女儿的时候，而在此间隙，清晰和临在的片刻会一次又一次地进入他的觉知。就这么来来回回，进进出出，又在又不在，一会儿非个人一会儿个人化……数小时过去了，百睿客不再注意周边环境，一切都归结到了痛、过程和临在上。

百睿客就这么开挖自己的黑暗之山。数小时后，他突然又注意到了病房中的动静，并听到一个护士在问玛丽亚感觉如何。

回复是“很好，谢谢您”。不过这并不是玛丽亚的声音，而是安杰利娜的声音。他的女儿看上去充满活力，非常清醒，好像什么都没发生过。如果不是她头部左侧的绷带——医生剃了她那里的头发并钻孔来放干脑血肿的血，他可以发誓她只是刚从小睡中醒来而已。“我们在医院里干什么？”她问自己的母亲。

“只是来拜访病人。”玛丽亚这么回应，不过泪水止不住流了下来。一位医生走进来，检查了安杰利娜的绷带、眼睛，听了她的心跳，在床脚的记录表上写了几笔，并漫不经心地说她可能最多一两天就可以出院回家了。她有轻微的脑震荡，他们想让她留院观察一下，确保不再有任何内部出血。他讲话的口吻好像这种事每天都会发生，而且明显地不带任何感情，这有一种惊人的镇定效果。百睿客跟着医生到了走廊，想问他一个问题。

“医生，我女儿之前的情况真的是非常严重吗？”

“是的，很可能的。谈到大脑时，总是很难弄清会发生什么，但如果你们没有马上把她送到医院，她很可能就死在你们家客厅了——或至少会遭受某种脑部损伤。”

百睿客强忍着眼泪，感觉自己的双膝都虚软了。他们差一点就失去她了。医生接着说：“不过在另一方面，她也不可能死的。”

“啊？您这是什么意思？”

“哦，她正躺在那儿的床上，跟妈妈说话呢，不是吗？”

“是的，不过……”

“肯尼迪先生，您有没有掷过硬币，并看到正面朝上的？”

“肯定有看到正面的时候。”百睿客回答。

“但你也可以说差点就看到背面了，不是吗？”

“是的，我想是吧……”

“但这并没有发生，也绝不可能发生——至少不是这次。”

“所以一个病人能否活下来，就像掷硬币一样？”

“差不多。我们生命中所发生的一切都是掷硬币的结果。”医生认可他的说法，并在走开前补充了一句，“至少在我看来都是这样的。”

毛毛虫之道

道可道，非常道。

——老子

2009年5月

“老师，您用的这些词是什么意思——‘醒来’和‘跳出催眠状态’？”百睿客的翻译王艾米代表一个学员问道。这是一个四天工作坊的第二天早上，地点是中国广东省的广州市。八十五个学员中的大部分都是新生，还不了解他的工作，他已经感受到了他们有些沮丧和抵抗——通常他是在工作坊的后期才遇到这些的。他走到白板那里写下了一些词，同时一个工作人员写下了对应的中文字。

“回答这个问题要花一点的时间。我想一开始描述一下四个催眠阶段。一个人在一生中并不一定会经历所有这些阶段。这四个阶段是：

依赖（创造出一个身份）

生存（学会操控、防卫和控制）

自我实现（获得地位、做出贡献、追逐权力）

寻求真理（渴求‘开悟’）

“这个模型的基础是：你实际是妙不可言的存在，具有无限力量、创造力和才智。你就是道。不管出于什么原因，你决定要体验有局限的幻象。这就是经历做人——仅仅只是个凡人——的体验。在依赖阶段，整个冒险开始了，你创造了人形，从妈妈肚子里出来，进入了这个世界的虚拟现实中。这时，你已经落入了催眠之中，并在体验灵性失忆。在头几个月，你最多就能蠕动一下手指，蹬一小会儿腿，整个力道只有一片树叶落到人头上那么大，你还会用嘴唇和喉咙去吸吮妈妈的奶。因为个性的迹象很不明显，你的状态可能是最接近纯粹存在的。但是和任何的新生哺乳动物比起来，你可能身体更虚，外在的机能更弱，即使在过了几年之后，身体的发育程度还是没法达到哺乳动物的标准。你完全依赖你周边的巨人，他们为你提供衣食和情绪上的关怀。在你人生的依赖阶段，这个纯粹存在的状态逐渐转为你对身体及其所有脆弱性的认同。就是在这个阶段，你的自我概念或‘身份’，以及核心信念开始‘活跃’起来，可以这么说。你经历了有些人所称的‘小我——身体认同’。现在大家都跟得上吗？”他顺着双层马蹄形座位环视一圈，没有看到手举起来，便接着讲课。

“这些信念、情绪倾向、行为和体格都符合你的个性，或符合你将终生扮演的这个人物。古罗马有人曾说过这样的话，大意是‘把你的孩子交给我直到七岁，我就把他的一生定型了’。我对此的理解是，引发催眠的主要力量是在你人生的头几年发挥作用的。所有新生儿都具有深度宁静的表情和临在的感觉，但这会逐渐消退，因为你变得越来越关注外在，而且身份认同（实际上就是‘打造一个身份’）的过程在持续进行。是谁让这些发生的？不是你的母亲、父亲、兄弟姐妹或其他亲戚；他们自身也都陷在同样的催眠中。不是社会——他们的处境和你家人一样。”一股紧张的气氛像涟漪一样在班级中扩散，他本能地知道他越界了，他跨越的这条界限就是孝顺——对家庭尤其是父母的强烈的忠诚感。他担心大家可能认为他在贬低他们的父母，因为他指出他们的父母和其他每个人一样迷失。

“我们还会再讲是谁——或更准确地说是什么——在背后引发了催眠，不过现在，我只想重点讲一下体验。在依赖阶段，关于你是谁以及世界是什么的核心信念形成了。这些信念设计出来就是要延续终生的。如果你检视这些信念，你可能会看到它们都牢牢固定在某种情绪感受上——你觉得自己是不完整的，你原本的样子是不够的。现在，就想象一下你是个一岁半的小孩，几乎不会走路，不能讲话。如果你要根据身体的感官信息来形成一个关于自我的信念，你认为你会有什么样的信念呢？”他对整个班级发问。他所遇到的中国人头脑都非常灵敏，并再一次给他留下深刻印象。他们能很快吸收信息并得出逻辑化的结论。这个文化的缺点似乎是他们与自己的感觉脱离的程度很深，但即使是在感觉方面他们也学得很快。百睿客冲一个举手的中年男学员点点头，便有人把麦克风给他递了过去。

“我会认为我是没有力量的，还有，我是没有用的。”

“正是如此！你没有力量——或不够有力量，或对你的家人没有用。别的人可能会想，他们不够惹人爱，不够聪明，不够有吸引力，等等。”另一只手举了起来，麦克风递给了另一位中年男士。

“我会认为我必须很努力才能取悦父母。”

“好的，不过我认为这个信念更多是态度或次要信念——这是我的说法，我接下来会讲到的。就我所知，核心信念基本上可以由‘我是’开头的陈述句识别出来，而且核心信念关系到你的身体特征、外表或对人们如何对待你的看法。”他在白板纸上写出了几个例子：

我是弱小的

我是虚弱的

我是无能的

我是不够好的

我是不惹人爱的

“现在，如果你更深入地观察这些信念，你很可能发现有两个需求在起作用：对重要性的需求以及对归属感的需求，后者可能是所有人类渴求中最为强烈的。如果这些需求是所有人类核心信念的根源，那么无须天才就能明白，你的自我概念绝对不可能是有力量的。此外，抱有这样的信念可能会强化如下结论：如果你所需的不在你的内在某处，那它就必定在外在某处。你转向妈妈、爸爸和身边的其他巨人，让他们给你提供生活中的绝对必需品。给我吃，给我住，保护我，抚养我，让我觉得重要，爱我。当然了，这些大人没有一个会觉得自己有多么重要，也不曾有过有意义的归属感，他们不可能为你提供你所渴望的永久的满足。总之，无论你的父母说多少次他们爱你并且珍惜你出现在他们的生命中，你对重要性和归属感的需求仍挥之不去，让你停留在不安全的渴求状态。

“一旦你的妈妈或爸爸把注意力投向他人，似乎在给那个人你仍然需要的重要性和归属感，情况就会加重。依赖的本性就是永远饥渴以及从不满足。”百睿客注意到有个女性声音在讲中文，他花了几秒才找到声音从哪里发出来。在后排五点钟的位置坐着一位瘦小的女士，有六十岁左右。麦克风给她递了过去，她在鼓励之下站了起来。百睿客估计她的身高只有大约一百二十厘米。像往常一样，他等着这位女士重复一遍自己的话，然后让王艾米给翻译过来。

“这从来没在我身上发生过。我的母亲和父亲都很爱我，我总是感觉很受重视。”

“我们在童年形成的信念并不取决于我们的父母如何对待我们。这是许多咨询师、心理学家和神经病学家所相信的古老传说，但这不是真的。你的信念是完美设计和安排好的，很符合你的特定人物角色。连你的身体都是为此设计的。”

“但你之前说我们都需要觉得自己是重要的，是有归属感的。我的父母让我每天都有这样的感受。”

“如果他们不这么做的话，会发生什么？”百睿客问。

“噢，我会感到非常伤心。这就是为什么我很同情在这个教室里的某些人。他们的父母打他们、骂他们——我的父母从来没有这么严厉地对待过我。”

“但如果他们这么做了，你会觉得很难过的，是吗？这意味着你觉得你需要他们的支持，才能对自己有良好的感觉。你需要他们的爱和鼓励。”

“当然了。每个孩子都需要。”

“正是如此！”百睿客解释说，“你一出生就有对归属感和重要性的需求，因为你无法体验到完整性，也不知道你的真正价值是什么——现在依然不知道——你就往外寻找肯定和鼓励。如果你的父母没有提供持续的爱和支持，你可能会更加觉知到自己不完整的感觉。”看起来那位女士想多谈一下她的父母有多棒，但百睿客决定继续往下讲。他不去管他的胃部因为熟悉的内疚感而紧缩起来——每当他觉得有可能伤害到某人的感情时就会这样。意外的是，内疚感只持续了几秒的时间。

“生存阶段也是很早就起作用了。我在这方面不是专家，但我可以猜一下，在人类剧情中，你在一岁半左右开始意识到，你有能力控制自己的环境。你更觉知到你周边的世界没有持续性，也不可预测。而且你发现你的行为似乎对人们有某种程度的影响力。某些行动似乎让你的妈妈或爸爸皱眉，而别的行动似乎会引起微笑。还有其他行为能让皱眉变成微笑，或正好相反。在生存阶段，你采取特定的行为和态度，你认为这能帮助你满足自己的需求。一切都还是和你的需求相关，但你赤裸裸的依赖性被独立的幻象巧妙地伪装了起来，而且随着岁月的流逝，独立性就变得越发明显了。

“根据你个人的故事情节，在某个时刻，人类的肉眼已看不清你对重要性、归属感、爱和力量的需求，取代需求的是追求和独断。你的父母就应该无条件地爱你，给你所需的一切，而你都不用承认你需要这些！如果你不能操控他们给你应得的特殊性，你便会在别的地方去找到它。跟某些朋友在一起让你有归属感，你会和他们打交道，并操控他们来给你重要性。为了获得认可，你会在外表和行为上顺从。因为他们是你的朋友，因此受忠诚魔力的支配，他们会对你的错误和缺点视若无睹，他们会在所有的冲突中站在你这边。

“实际上正是在生存阶段，正面思维成为我们多数人的一个无意识的意图。为了应对这个貌似艰难的世界及其所有的潜在危险，你越来越觉得需要避开弱点、痛苦的感觉、脆弱和所谓的‘负面思维’。”

“负面思维难道不是有害健康吗？”艾米为一个叫李谭的男士翻译出来。百睿客注意到了李谭总是穿着西装、打着领带来上课。

“哦，这可是一个有趣的信念。”百睿客和他开玩笑。

“但这不是您去年告诉我们的吗？”这位男士不依不饶。

百睿客暗自思量，去年我告诉了你们很多我那时相信的东西。“嗯，我发现了我以前说的并非实际真相。我以前认为正面信念比负面信念好，但实际上它们都只是信念而已。”

“但信念创造了你的命运！”李谭一口咬定。百睿客记起了这位男士之前讲的故事：他出生在北方哈尔滨的一户贫穷人家，但是他最终扬眉吐气成了百万富翁。这种故事在这个新中国并不罕见。“如果你相信你会成功，你就会成功。”

“你有没有想过你到底为什么需要正面思维并拥有正面信念呢，李谭？”

“你是什么意思？”这个衣着讲究的年轻人问道。

“你不断提醒自己要往正面去思考——这难道不是在表明你正试图补偿一个负面想法，或者要消除它呢？”

“当然了！不克服弱点我们没法成功。”

“那么你所谈的弱点是什么呢？”

“我们出生都有弱点，我们的天性就是要和它们斗争并战胜它们。”

“你明白你说的每件事都是你所相信的，是吗？”

“但我相信的都是真的。”李谭坚持说。百睿客指了下自己左边、李谭身后的桌子。桌子靠着墙，上面盖了一块垂到地板上的布。

“我今天早上把我的手提包放在这个桌子下面了，”百睿客解释说，“我注意到桌下有根烂香蕉。我不想把它捡起来，因为它太软了。我担心我会把香蕉蹭到裤子上。这意味着我是软弱的吗？”

“不，你只是务实而已。”

老师让一个工作人员把桌布下摆拉了起来，露出他的手提包以及……其他什么都没有。

“香蕉去哪儿了？”李谭问。

“没有香蕉。我编了这个故事，但之前你相信那里是有香蕉的，对吧？而且你认为你相信的就是真的。”

“当然了。你是老师——你为什么要对学生说谎呢？”

“为了向你展示：相信某事和了知某事是大相径庭的。你可以一年当中每天都告诉自己一百万遍，桌下有一根香蕉，这也不会让一根香蕉在那里出现。在你身上发生的是，你不断地告诉自己桌下有香蕉，说了二十年，然后有一天酒店的工作人员掉了一根香蕉在那儿，你就确信无疑，这件事的发生就是因为你在不断重复说那句话。”

“但这是真的！我每天都不断告诉自己，‘我会富有，我会成功’，而这确实发生了！”

“参加竞赛的每个人都会说‘我会赢，我会赢……’，但只有一个人胜出。”

“因为这个人的信念最强。”李谭断言。百睿客只能无奈地摇摇头。当你在梦中熟睡时，一贯正确比了知真相更重要，而了知又被信念所替代。所以自然地，你的信念必须是对的——你的信念成为真相，仅仅因为你相信它是真相！

“好吧，我不会和你争论的，李谭。我只是向你指出养成一个信念是多容易的事。那里没有香蕉，但你相信有，如果我没有向你指出真相，你这一辈子都会相信桌下有根香蕉。”他停下来看看身后墙上的钟，“所有关于香蕉的谈论让我觉得饿了——我们休息二十分钟吧。”

休息之后，百睿客想接着描述那四个催眠阶段，但是，他发现自己在以各种方式引导人们走体验性的过程。最常用的方法是“焦点人物”——一人坐在教室前端的椅子上，描述此时自己生活中存在的一个挑战或问题。他从一沓八十五张卡片中随机抽出了一张，上面的名字是一位参加过他前两次工作坊的女士。

林美华坐到了前面的椅子上，很快就开始描述自己的情况。美华在东莞市建立了一家成功的玩具制造公司，但她三十八岁那年精神崩溃，被送进了心理治疗中心。一年后她完全康复了，但是……

“当我回到家的时候，我的父亲已经接管了公司的所有权，并指派我哥哥为公司总裁。当我让他们把公司还给我的时候，他们拒绝了。”故事讲到这里，美华开始哭泣。百睿客发现自己在挣扎——他不光要克服自己使用之前的方法和技巧的惯性，还要面对学员对他的期望。他本应当使用他的神奇能力来解释为什么这种事会发生在她身上，以及她必须消除什么样的潜意识障碍来赢回公司，毕竟这就是她来这里的目的——拿回她的公司。很可能，主办方在让她报名时就说了百睿客・肯尼迪会提供一些疗愈技巧，能帮助她实现这个目标。

随着美华眼泪汪汪地接着讲自己的问题，百睿客很肯定，他如果不让她把故事说完就急切地切入要害并指出核心过程，可能会被看成对案主不关心。他一半的心思在听她讲话，而另一半思绪飘到了他以前常用的工作方式上。

倒叙，1999年

在台北的某天早上，发生了一件事，说明百睿客·肯尼迪成了一个怎样魅力四射的新时代老师。每天在工作坊开始前，他都会和工作人员开一小时的会议。在这期间，他们会轮流分享一个他们正在应对的挑战、限制或问题，他就会带领他们经历一个治疗性的疗愈过程。他教的哲理中有一个原则：如果一个人在工作人员会议上或工作坊上迟到了，这个人在发出某种抗拒的信号。无论迟到的原因是什么，迟到依然被看作潜意识的抗拒，所以必须要面对。在台湾的那天早上，一个工作人员晚到了五分钟。这时，百睿客脸上带着微笑，问了一个标准问题，以激她去面对："你在抗拒什么，苏丽？"

"没什么，"苏丽回答，"就是交通有点堵。"

"哦，"百睿客提议，"就让我们假设，你迟到了是因为你的潜意识在抗拒这个工作人员会议的某事或某人。这会是什么事或什么人呢？"一般在这个问题后，对方会坚持说这只是交通的问题，但是这样的推脱是对百睿客以及他所教导的原则的冒犯，因此他会持续施压让对方遵从他的模型，并配合他的方法。

"得了，苏丽，让我们假设在你身陷交通堵塞的背后，存在一个潜意识的抗拒。你可能在抗拒什么人或事呢？"

"你。"苏丽回答。

“我的什么地方是你想抗拒的呢？”

“我不知道。”

“猜一下。”

“你是老师。我害怕老师。”

“所以你是在抗拒我的权威？”他猜道，同时保持着轻松打趣的口吻，脸上还保持着浅浅的微笑。他的肢体语言传递出的是开放和接纳。毕竟，百睿客·肯尼迪是以亲切和蔼著称的老师，和那些更为严厉、老虎类型的老师大相径庭。

“是的。”苏丽承认，“我害怕权威人物。”有人也许会想，他可以就此结束互动了。苏丽承认了她的抵抗，而百睿客也证明了他关于抵抗的原则是正确的。当然，他可以就此停住，但这样做有何魅力可言呢？他接着推进，进一步深挖苏丽的潜意识心智，用的是他早在1986年就从究主那里学到的老技巧——“如果你知道……”。

“好吧，苏丽，如果你知道，你会说谁是你第一害怕的权威人物？”

“我二年级的老师。他不喜欢我，而且他真的很严厉很刻薄。”

“好的，”百睿客柔和地说，听口气更温和、更具鼓励性，这是老师在奖励学生的顺从，“现在闭上眼睛，想象你的二年级老师正站在你面前。仔细观察：他的手伸向脖子，然后一把扯下他戴的面具。到底是谁在面具之后？”

“我父亲！”苏丽喘着气说。这并没有让百睿客很惊奇。事实上，他可以用一万比一的概率去赌她会看到她父亲，因为这个模型就是这么运作的。通常，一个人生命中最具影响力的两个人就是这个人的父母；而他大部分的学员都记得，他们童年时期的父亲是更为严厉的权威。

“现在，”百睿客说得更温和了，调整到了他的咨询师角色，“从小以来，你从来没有原谅过你父亲的是什么？”

“他总是更偏爱我的弟弟。”苏丽解释道，她仍闭着眼，泪水顺着脸颊流下。

“是什么导致你有这种感觉？”

“我的弟弟是长子。我们中国人总是偏爱长子，即使他不是最年长的孩子。”这些传统的东西总是让百睿客很恼火，但这一次他没有理会。他总是可以事后再专门讲这个话题，提醒这些被他俘虏的听众，拿处女献祭也曾经是个传统等等。

“好的，这是你们的传统。但更仔细地看看你的父亲，他偏爱你弟弟还有什么其他原因吗？如果你不知道答案，你能说下你父亲对你弟弟更好，会让他自己有什么样的感觉呢？”

“我父亲总是觉得自己在生命中是个失败者。他认为如果他的儿子成功了，他就觉得自己也是个成功者了。当他看着我时，他觉得自己是失败的，因为我是最年长的孩子，而且我应该是个男孩才对。他以我为耻。”

“所以是你父亲的失败感让他这么做的。”

“是的，”苏丽同意，“他在1947年从大陆来到台湾——”

“所以你能理解他的不配得和失败的感觉？”百睿客打断她，这样她能集中在自己的感觉上，而不是迷失在故事中。

“是的。”苏丽的泪水决堤般流下，她哽咽着拿纸巾抽了下鼻子。百睿客经常想到，所有的工作坊导师都应该重金投资纸巾生产公司。

“你能原谅他有这样的感受吗？”

“能。”

“很好。”百睿客说道，声音更为坚定、更加愉悦。他感觉可以用一个宽恕观想来收尾了，但是苏丽还不满意。

“但我刚明白了点什么。”这个女人宣布，她的眼睛仍然闭着，“我意识到我父亲的行为来自某个前世。”

“那一世你在哪儿？”老师问道，偷偷看了一眼墙上的钟，看到还有时间继续便松了口气。

“在欧洲的某个地方。我是女巫，我父亲是我爱的男人，但他不想要我，和另外一个女人结婚了，所以我诅咒他，而他死于一种很痛的疾病。他现在对我的方式是我的业报。”百睿客在心里兴高采烈地搓着自己的双手。太棒了！现在他们钻到了潜意识心智的最底部了，这里可以发现恋母/恋父情结之类的玩意，还有前世的胡扯——前世就像一座桥，连起了潜意识和无意识心智。所以，他又扮演起萨满的角色，引导苏丽回到那一世，鼓励她感受她的（女巫的）愤怒，对象是她父亲（情人），并感受在愤怒之下的心碎。接下来，他协助她把光的能量从“上天”带入了她的心碎，并观察痛消融在光中。一旦这个步骤完成，她就无须再在此生中诅咒她的父亲，而他们就可以收尾了——

“我刚又明白了点别的。”苏丽宣布，打断了百睿客计划的总结收尾。听到这些话，其他一些想得到关注的工作人员不耐烦地叹息起来。有的人因为他们跟自己父亲的关系还在抽噎，而有的人站在苏丽背后，闭着眼睛。这些“天使”要么在把疗愈能量带给苏丽，要么在把黑暗能量从她那里取出。百睿客注意到有一个工作人员睡着了。这是潜意识抗拒的另一个例子，不过他打算下次开会再点她的名。

苏丽接着说：“我意识到我是个坏女巫，因为我被黑暗附体所支配。还有一个黑暗月魔附在我的脊柱上！”得了，所以现在他们又进入了无意识心智，在这儿你能遇到多种多样的原型，有外星人、邪恶附体，也有神祇、精灵、天使和恶魔，还有各种各样的其他存在——你能在你当地书店的科幻小说和奇幻类图书区中读到。为了处理附体，百睿客又扮演起了驱魔师的角色。他从苏丽的灵魂中拔出了黑暗附体及其爪牙，并把它们送到光中，让它们摆脱受到诅咒的存在。对百睿客而言，这有点像拍蚊子，但更加灵性一些。唯一麻烦的是那个月魔，这是一个异类，有一个星球那么大，触角穿越空间、四处延伸，从一个人的脊椎底部进入人体。百睿客真的得卷起袖子大干一场才能把这个浑球给赶走！

另一个出现的麻烦是，站在苏丽身边的天使们不是很小心，没有确保自己被保护光所包围。有些恶魔就利用了这点，跳进了两个人的体内，致使他们倒在地上，在剧痛中扭动。百睿客召唤了他神秘疗愈师的力量，命令黑暗附体释放受害者。他采用的咒语是他在显示自己远见卓识的领导力时常用的，大意是我是上帝之子，没人敢跟上帝之子捣鬼！不过他用的是更为神圣的措辞。

最终这些附体走了，诅咒消除了，业力解除了，来自恋父情结的心碎弥补好了，父亲被宽恕了，而且所有的黑暗残留都被送入了光中。苏丽可以接着过日子，享受生活品质的改善，同时隐隐觉着，哪天有什么重要的事情会发生在自己身上。这五十分钟的活干得还是蛮像样的——百睿客向自己祝贺。

他现在在广州，坐在工作坊的教室里，回想起那些日子，微笑了起来。那时他会扮演不同的角色，给案主带来成功的（疗愈的）

结局。他所站的各种立场中——从咨询师到神秘疗愈师——没有一个有实际的力量。这些只是他穿上的戏服，会强化案主的故事，让故事看起来更加真实罢了。他肯定苏丽会谈论自己的体验，会眉飞色舞地和朋友讲述她遭遇外星人和前世历程的故事，来庆祝她的“灵性成长”。那次成长只是更多的故事而已，好让苏丽和百睿客在自己恍惚的催眠中找点乐子。

如今催眠解除了，他不太在乎一个学员是否迟到，甚至是否出现。如果他和一个晚到的工作人员交流，对话可能听起来像这样：“你来晚了觉得内疚吗？”如果回答是“不”，他的反应会是“好吧”。如果回答是“是的，我觉得内疚”，他的反应会是“好吧”。这个人可能会与内疚斗争或压抑它，也可能会带着觉知接近不适感，并如实接纳它。接纳和更多的觉知会让这个人体验到内疚是一种能量，随之可能体验到：这个能量是那无法描述的临在的虚幻表达。小我消融，临在呈现。

现在百睿客终于可以分清楚，他工作中的哪些方面是有利于觉察真相的，而哪些方面是不利的。剩下的就是表演了。他可以看到95%左右的都是表演，所以有点惊讶像他这么一个内向的家伙可以撑这么久。但是他接着就意识到了，他在批评工作坊的“表演”方面，而娱乐学员也没什么错。他不再感兴趣的并不是布景或者展现方式，而是那些不具支持性的内容。

他坐在那里，半听着广州的这个焦点人物。他承认他现在教的接纳、觉知和欣赏这些内容听起来不如别的那么激动人心或引人入胜——别的有内在小孩的工作、潜意识旅程、宇宙前世经历、驱除魔鬼附体等，所以他内在的那个讨好者在焦虑地绞着双手。长久以来，他的重要感都有赖于他有能力让别人感觉更好，但现在他可以看到，他努力赚来的重要性是稍纵即逝的感觉，很容易就被一个学员或心爱之人脸上不满的表情一扫而光。见鬼，一个店员的皱眉都会有同样的效果——他的重要感和归属感就是如此之脆弱。

林美华在结束故事的时候，百睿客把自己全部的觉知都带回了教室，并强烈地感受到脱口而出的冲动："嘿，这就是生命，亲爱的！你可以接受它或拒绝它，但你无法改变已经发生的。"但如此表现不符合他的性格。他知道，她想让他帮她消除问题，而这折磨着他性格中那个热衷于取悦他人的面向。当他想到教室里其他的八十四个人对他有类似的期望时，折磨就变本加厉了。他们是付了钱的，而他就应该带来效果！要确保他们值回票价，百睿客！要不然……他从来都不愿意去想那个"要不然"的部分。虽然他的帮助者/讨好者的强迫症依然强大，但他已不再像以前那样控制自己的嘴巴了。

"在任何人类情境中，只有两种可能的反应，美华——接纳或拒绝。人们拒绝一个情境是因为他们认为自己的快乐是有条件的。他们认为，只有满足了某些特定条件后，他们才能快乐起来——这些条件关系到他们生活的主要领域，如亲密关系、亲子关系、原生家庭、金钱、工作、健康、灵性道路和自我感等。你设置这些条件是为了满足你对重要性、归属感、安全和力量的需求。在任何情境中，如果这些条件没被满足，你就认为哪里出错了，而且除非境况改变，否则你无法快乐。这也许听起来刺耳，但你跟父亲的问题实际上是一个中性的情境——不好也不坏。"

"我不懂。"美华反对，"我父亲和哥哥背叛了我！我怎么能接受这点呢？”

“也许你的父亲在保护你。也许他不想看到你承受这么大的压力。也许他不想让自己的女儿再经历一次精神崩溃。”

“这是他把公司从我这里夺走的原因吗？”

“可能吧。”百睿客耸耸肩，“也许是他偏爱你的哥哥，或他嫉妒你的成功，或他想让你过得轻松些。”

“到底是哪个原因？他为什么要这么做？”

“谁知道呢？也许连他自己都不知道为什么这么做。”百睿客走到白板前写下了一个数字。

11,000,000

“有个人，他的名字我忘了，写了本书解释为什么事情会在这个世界发生。他利用了量子物理学，计算出影响任何一个事件的因素有一千一百万之多。有一千一百万个原因解释为什么某事会发生。如果我给你一千一百万个原因解释为什么你父亲那么做，你会满意吗？你觉得你能够释怀，好好过下去吗？”

“也许吧。”美华回答，淘气地笑着，“先给我一万个理由，我看看感觉如何。”这个回答让百睿客和同学们笑了起来。

“问‘为什么’不能让你满足。有时这会带来一点清晰度，但通常我们问为什么，是因为我们已经拒绝了发生在我们身上的任何事。当我孩子还小时，他们会要糖果或冰激凌，有时我会说‘不’。然后他们会问为什么，而无论我给出什么样的理由，他们只会不断地问‘为什么’。他们并不真想知道为什么；他们只是不能接受我的决定。”

“没错，”焦点人物同意，“我其实不在乎我父亲为什么这么做；

我只想要回我的公司。”

“你没有公司就不会满意，是吗？”

“是的。”

“即使它导致你精神崩溃，你还是想要回来？”

“不是公司让我那样的。我只是把自己逼得太紧了。”

“那是什么动力让你把自己逼太紧呢？”

“我想要成功。”

“但你已经成功了！”百睿客提醒她。

“但还不够。”美华脱口而出。

“但对一个无底洞来说，多少才算够呢？要多少食物才能填满无止境的饥饿呢？你的动力来自你对重要性、归属感、力量和安全的需求，但需求是无法满足的，还会一直让你觉得不完整。在任何特定情境中，你会把自己的不完整感投射过去，认为这个情境缺少你所需要的，不能让你平和、快乐、有力量等。然后你会拒绝这个情境，一门心思想改变它，让它变成别的样子。你不想去接受它，因为你相信如果你接受了，你下半辈子都无法摆脱它，也无法摆脱需求。”

“但别的我还能做什么呢？我从来都不满意我公司的业绩。我从来都不满意我取得的任何成绩。”

“因为需求是永远无法满足的。也许现在就是时候了，去直面你的需求，如实看清它的原貌——它是一个幻象，旨在让你确信：你就是一个有局限的、不完整的人。”

百睿客从班上找出志愿者来代表她的父亲、母亲和哥哥，并引导她先走向自己的“爸爸”，让她向“爸爸”表达她一直都需要从他那里获得什么。她一开始表达自己需要获得认可、欣赏和情绪支持时，泪水就涌了出来。她很快就泣不成声，因为需求没被满足而痛苦不堪。百睿客轻柔地提醒她去放松进入这些需求，并尽量接受它们。然后他提醒她，这种痛苦的渴求并非真的，即使看上去如此惊人地逼真。它是一个能量场，其实是无条件的爱乔装而成的。她可以持续接受这个能量，并允许自己更多觉知到这个能量——以及她自己——的真正面目。当她觉得跟“爸爸”的过程完成了，就可以和剩下的“家人”接着走过程。

约四十五分钟后，美华回到了自己在学员中的座位上，擦去了最后抽噎的泪水。百睿客一点都不知道这个体验对她意味着什么，对结果也没有任何的执着。

“在我的体验中，把一个情境看成问题的感知会一直留在我们生活中，直到那个感知的目的达成才会消失。换句话说，一个问题会待在你的生活中，然后，完成任务了就会离开。”

“这意味着美华会拿回自己的公司吗？”李谭询问。

“这是可能的。”百睿客承认，并在心中想，在这个虚构的世界中任何事都有可能。也可能她会转而打造另一家公司，也可能每件事都维持现状，但对她而言已不再是问题了。情境是中性的。如果你的反应带着焦虑、激怒或其他的拒绝成分，这样你就有了一个问题。所以我们要么接受，要么拒绝。接纳引发更多的觉知，最终还有欣赏。拒绝导致受苦，因评判、批评和指责而受苦，而与此同时，人在绝望的挣扎中寻求解决之道，无异于折磨自己。

他注意到休息时间到了，但在向大家宣布休息前，他提出了最后一个洞见。“接受那不可能接受的，才是真正的你、那个妙不可言的存在的境界。如果你不能如实接受，是因为你认为自己只是个人。”

第9章

毛毛虫自我实现

人会做许多事情让人爱自己；他会做所有的事情让人羡慕自己。

——马克·吐温

在工作坊的第三天，百睿客接着讲毛毛虫的主题。在头一天，学员对自己的脆弱敞开心扉，并一直练习走过程，现在他们作为一个班级似乎更具凝聚力，也更愿意去倾听老师的话。

“让我们回到我昨天讲的内容——催眠状态下的各种存在阶段。我们在讨论生存阶段，那时你尝试着隐藏自己和另一半看出的错误或缺点，同时你创造出能帮助你获得你的需要的一种态度。正面思维只是这种态度的一部分。就像我说的，在一场八人赛跑中，所有选手都想获胜，但赢家只有一个。要成为重要的或特别的那个就是这种情况——只有一个人才能获得最重要、最特别的位置，因此你必须和别人竞争，要比别人更富有、更成功、更有力量或更惹人爱。无论这个竞争是否友好，竞争就是竞争，其他人还是你的对手，这样你的生存计划中必须有攻击性的成分。此外，为了否认你的脆弱性、需求和弱点，还为了把它们一直藏起来，你必须拒绝它们——这是另一个攻击行为——所以在生存阶段有很多的防卫、愤怒和攻击。

“可是，我们的社会中不能有这么一帮怒气冲冲、颇具竞争性和攻击性的人跑来跑去，因为我们的首要需求是有归属。因此，这样发展下去的最后一个要素就是面子。你想要一个人格面具，好适应你所生活的社会。在近乎中立的环境中，许多人会采用友好、快乐的社会人格，不过有些人的行为举止可能展现出一种阴郁、严肃或正儿八经的人格。在不那么和平的环境中，士兵那坚强、没有情绪的面孔是更合适的。世界上有各种各样的面孔，但它们的诞生都是为了掩藏脆弱性，掩藏我们所称的‘人性’的各个面向，如攻击、操控、竞争、羡慕和嫉妒。”

“您是在说‘面子’不好吗，老师？”有人问道。

“我没有说任何事情是不好的。在所有阶段，人类体验的设计都完美无缺。以好或坏来看待事情，是我们在催眠时才做的事。”

“您是说没有好坏之分吗？也没有对错吗？”这个学员问道。噢！百睿客暗想。

“在信念的幻象中，肯定有好有坏。在真相的体验中，好坏之别不存在。评判会导致两极分化，但真相不会去评判，所以真相看不见正反两边。从评判的观点看待生活，你可以看到自己哪里做对了，还有哪里做错了。也许，你为做错的后悔，并认为你必须要以某种方式来弥补自己的失误和错误的行为。也许你还认为，有些所谓的坏事发生在你身上，是因为你在生活中做错了事。”

“做了错事和仅仅失误之间有什么区别？”

“一般而言，人们认为失误是无意间做了错事，所以在人类头脑中，这两者其实没有多大区别。这些都还是和评判有关，而且人们有一个倾向——惩罚失误和惩罚犯错的程度一样。对我而言，两者毫无区别，因为两者都不是真的。”

“没有对或错？”一位男士突然站起来，并摔了自己的笔记本。这是个中国北方的高个男子，以和工作坊老师吵架而著称。“这意味着大家可以为所欲为，还不用承担后果！人们不用去工作；人们可以偷盗！我们也不需要警察了，因为不会有什么法律！”

“坏蛋和弱者；弱者和坏蛋。”百睿客冷静地说道，“我们有多少人都相信世上只有这两类人，如果你触及人类的核心去看的话？这很有趣。先生，我看您没有真正听到我要说的话。”

“我知道你在说什么！你说每个人想干什么就干什么，因为没有对的或错的活法。”

“这和我说的相去甚远。”百睿客声明。他又想了想，然后说道：“事实上，这和我说的有点关系，但又有点相反。”出于某些原因，这个回应似乎对这位男士有安抚效果。“你，即我现在的谈话对象，是一个完美设计的结果。你思考、感受、做和说的每件事都在这个设计之内。除非设计者另有选择，否则你不能做任何超出设计的事。如果你的设计中没有抢银行这档事，你无论如何也不会去抢银行的。人们的所有行动都是根据剧本来进行的，而剧本是为他们的特定人物量身打造的。你，即我现在的谈话对象，是一个全息图像，而‘真正的你’设计、创造并制作了这个图像和有关你的一切。记住设计师就是你非常重要。

“真正的你并不在这个房间中，但是在体验在这个房间中的幻象，就好像这在真实发生一样。”百睿客停下来，等着这位男士的回应——或反应。这个高个男人还站在那里，双臂垂在身边，愣愣地瞪着眼——就像一只鹿在迎面而来的汽车的头灯光线中呆住了一样。

“那自由意志是怎么回事？”其他人问道。

“你，即我现在的谈话对象，是这个自由意志的结果——这个意志不受时间、空间或任何局限束缚。因为这个意志是自由的，这个妙不可言的存在，即真正的你，才能创造出本不可能创造的东西。”百睿客回答后，又把注意力转向了那位中国北方的男士——他现在正在微笑，并慢慢地转身看向所有的学员，然后开始大笑起来。大概过了二十秒，他拾起自己的笔记本，回到座位上，还是笑得抖个不停，并抹着眼睛。百睿客想起他的主办方秦洪告诉他——中国人还没有准备好接受他的信息，他们还没有准备好醒来。不过，百睿客意识到，这也是秦洪的信念而已。

“现在我们讲到催眠状态的自我实现阶段。”百睿客接着教下去，“一旦穿上了盔甲，而且你感觉能基本控制自己的生活和环境后，你对重要性的需求变得甚至更强，而且你会搜索各种方法来发现或证明自己的价值。你可能会迷上命运或人生使命的想法，好让自己确信：你的人生有某些伟大的目的；你注定就是要完成某些有意义的事情。有了这个想法的驱策，再加上对重要性的需求在一旁煽风点火，你可能会进行某些研究，踏上宏伟的冒险，或追求伟大的目标。无论你发现自己在多大的池塘里，即使这个池塘只是在你脑中，你都会努力成为那只大青蛙。不管你是在竞选国家总统还是当地狮子会的会长，甚至你想开悟，在你远大抱负的背后，这个自我实现的渴望在起推动作用。随着你努力积累更多的灵性功绩、金钱、朋友、财产、性吸引力，或任何你认为会提升自己价值的东西，你对自己身份的执着就会越深；而与此同时，你在拥护这个谦逊的理念——快乐的关键就是‘做自己’。但是，如果你在自己的眼中没有价值的话，你为什么要做你自己呢？事实上，自我实现是试图成为除了你之外的任何事情！

“励志讲座、灵性老师、自助书籍、疗愈工作坊，甚至某些午后电视节目都是为了帮助你改善人生——为此要在各个方面进行改进，比如外表、自我形象、亲密关系、健身和健康、智力、灵性觉知等；而与此同时，一直在传递的信息是：你应该改善是因为你本来的样子不够好。

“接下来是‘寻求真理’的阶段，这显现为自我实现阶段的延伸，也是对这个阶段以及毛毛虫生命前两个阶段的反应。寻求真理是试图去回答下列问题：我是谁？我为什么在这里？我的人生目的为何？经常，这些探询在青春期就蹦了出来，但在几年内就被搁在一旁。对于有些人，这个寻求变成了全心全意的痴迷，而其他人采用了较随性的方式。同样，坊间有各种讲座、书籍和老师来协助你，去探求那最神圣的奖赏——有人把它叫开悟，而其他人仅仅把它称为内心的宁静。

“这可能让很多人迷惑，因为一方面你可能在寻求一个哲理——能让你确定这是唯一正道的哲理；而另一方面，你内心的一个声音在告诉你，真相是超越所有的哲学、宗教或灵性信念系统、在其之上的。

“这个阶段的关键是‘寻求’这个词。寻求不能保证一定找到真相。事实上，寻求是另外一种强化身份的方式，自从受孕以来你就一直在打造这个身份。想一下这个词的意思：你寻找某样东西是直到找到为止，对吗？但如果你在寻找的东西是无法找到的，因为它根本就没有藏起来呢？我有一次浪费了半小时找我的眼镜，然后才发觉我其实一直戴着它！那么，我是找到了我的眼镜呢，还是我仅仅意识到了我从来都没有失去过它？所以，寻求结束的另一种方式就是你停止寻求！你相信你是不完整的，而正是这个信念蒙蔽你，让你看不见自己的完整性。

“我以前去做冥想的原因是我在寻求某样能给我持久平和与快乐的东西。我不快乐是因为我认为自己不重要，而且觉得自己不属于任何地方。我一直在寻求我的真正价值，而同时又觉得自己太不重要了，以致无法真正找到价值。而且自始至终，我一再把一些灵性谎言当真，比如‘你所追求的无法通过寻求来找到，只有寻求者才能找到’，或者‘为了了知真相，你必须不断努力，但并非通过努力，而是通过神的恩典，你才能得以了知真相’。”听到最后的这两句话，有些学员开始笑起来，百睿客猜想，他们很可能也读到过这样的引述，并假设这里面蕴含了某些大智慧。

这天剩下的时间还是在抽焦点人物并引导体验性的过程。他想到他可能教不完各个催眠阶段，开始觉得有些焦虑，但转而意识到，他是否教完一点都不重要。如果学员在催眠阶段熟睡，他们会一直这样，直到醒来的时间到了，而每个人都是根据个人的生命设计醒来的。百睿客说的或没说的任何东西对他们的人生剧本产生不了丝毫的影响。他开始觉得他在那里根本不是为了帮助他们或教导他们，相反，他们在那里是为了支持他在茧中的体验。

一种奇怪的感受向他袭来，他觉得自己好像突然被举到了天花板，从上向下看着整个房间和里面所有的人，包括沿着马蹄形的座位走来走去的自己。这不是体验，因为他还是通过眼睛在感知事物。他觉得自己像个演员，在舞台上扮演角色，而同时他从一个导演的视角在查看这个场景。他既是百睿客·肯尼迪，但也不是。他既在自己身体里，但也不在。他作为全息世界内的全息投影，体验到了很强的效果，但他也有处于本源的感觉——他所有的感知都来自这个本源。接下来，当他的翻译艾米问他和上一个过程有关的问题时，百睿客已不记得他那时说了些什么。

当他回到酒店客房的时候，电话的留言灯在闪烁着，突然他颤抖起来，预感到家里出了紧急状况。确实，玛丽亚给他留了言，让他立即给家打电话，无论时间多晚。

“是安杰利娜吗？”他妻子一接电话他就迫不及待地问道。

“不，是彼得。他在车里，而且——”

“——他伤得多重？”百睿客焦急地打断她。

“很糟糕。他开车失控，从路边上冲了出去。他现在在医院，胳膊断了，肋骨骨折，还有……”玛丽亚泣不成声，“他的脸，百睿客！他现在——”她沉浸在痛苦中，语无伦次，百睿客很震惊，在沉默中等待着。彼得是个出色的司机，交通事故从来都跟他沾不上边。他以前还经常吹嘘，如果他遇到事故的话也是故意的，还有——突然，百睿客意识到所有的信号都一直赤裸裸地摆在自己面前。每次彼得坐下都会一直烦躁不安，他暴躁的心情也很反常，除此之外，还有其他的迹象。当彼得不注意的时候，百睿客偶尔会捕捉到彼得脸上悲伤的表情。而且百睿客还注意到，他的朋友近期行动的速度要慢一些。他也没有像以前那样督促自己在健身设备上努力锻炼，而且百睿客听到他从椅子上起身时会发出低微的呻吟。他去厕所的次数也比以前多很多。

“玛丽亚，”百睿客在她的啜泣缓解的时候询问道，“彼得生病了吗？”

“我不知道，”她回答的速度似乎有点过快，“你为什么这么问？”

“我不知道，自从我去年从亚洲回来后就注意到他有些状况了。”百睿客提到了彼得动作缓慢以及他所注意到的其他线索。玛丽亚沉默了很长时间，以至于百睿客以为电话断线了。“喂？亲爱的，你还在吗？”

“他不想让任何人知道；我是自己发现的，他让我和杰茜卡两人都承诺什么也不要说。”

“是癌症，对不对？”百睿客猜测道，“哪个部位——是他的结肠还是肝？”

“比那个还糟。他的脊柱上有肿瘤，还有——”

“他们不能做手术吗？有多大？长了多长时间了？”

“这都不重要了，百睿客。他现在——”

“别告诉我他不准备摘除肿瘤！他可不能在这件事上逞能，他——是准备自己扛着，不要医生的帮助吗？如果他这样干，我发誓我要亲手宰了他——”

“百睿客，这些都不重要了。肿瘤已经扩散到他的胰脏。”这个消息再次让百睿客目瞪口呆。“这个病来势凶猛，而且是不治之症。他们可以延缓病情，但是无法遏止。”玛丽亚补充道。无助和失落的感觉向他涌来，几乎就要淹没那个微弱的声音——那个声音在提醒他，这些都是梦中所发生的事情的一部分。他知道他可以坠入自己的痛中去走过程，但和安杰利娜的情况一样，他会觉得自己在抛弃朋友。你没有在抛弃他——他是你故事的一部分，而故事的目的就是帮助你了解这个故事所反映出的信念。彼得不存在。这对他来说很难接受。他在二者之间撕扯着：一边是紧抓住他的朋友不放，而另一边是认识到这是邀请他去看到超越他自认为发生了什么之外的真相。

“他还有多长时间？”百睿客问妻子。

“医生说六个月到一年，但我认为他不够强壮，不能经常从床上下来活动，尤其是车祸后。”

“我无法相信发生这种事。”百睿客说，悲哀和困惑的感觉从他的声音里泄露。他让玛丽亚回去睡觉，他们可以第二天早上通过Skype（一款视频聊天软件）再聊。此后，他躺在床上，盯着天花板。他被一种迷信的恐惧压倒，害怕自己所谓的“醒觉”触发了发生在安吉和彼得身上的事。他想如果自己还待在催眠状态中，这一切都不会发生，但他很快意识到，这些想法都是他包裹在罪疚感周围的故事。

终其一生，每当有坏事发生在他所关心的人身上，他通常会觉得他在某种程度上要为此负责，或者他必须做些什么让事情好转，有时他两种感觉都有。当他成为工作坊导师后，他将这个罪疚感投射到别人身上——他提出无论什么不幸降临到某人身上，都是因为此人之前做出的选择，通常是无意识的选择。他甚至提出如果一个人在他四十五岁的时候得了肝癌，这也是因为他在三四岁的时候就选择了这种疾病。这样权威性的宣称给他的生活带来了强烈的个人力量感，并强化了他的错觉，让他深信他能完全控制发生在自己身上的任何事——只要他能找到正确的拉杆去拉动或找到正确的按钮去按下即可。他记得他孤注一掷地希望这些理论是真实的，因为考虑其他的可能性过于恐怖。

而现在他正面临着其他的可能性：他是彻底无助的、无力的，而且一无所知。他不清楚为什么彼得会有胰腺癌，为什么安吉的头会受重伤，也不明白人们为什么会有任何痛苦的事发生。他一辈子都在与危机、不幸和痛苦抗争，并坚持认为不必有战争、疾病和受苦——连死亡也不必有！他坚称痛苦来自我们选择的所有信念，而我们是可以另行选择的！我们可以选择宽恕，而用不着斗争；我们还可以用爱取代复仇，用疗愈取代疾病，用快乐取代受苦……

“现在彼得快要死了，而这就是事实。”他轻轻地对自己说。很快有一天，这个被称为彼得·凯恩的人物就会完成角色的扮演而离开舞台，再也不会回来，除了在某些人的记忆里，因为这些人在伟大的剧目中还有台词要说。

“世界是一个舞台，所有的男男女女不过是一些演员，他们都有下场的时候，也都有上场的时候……”

泪水顺着百睿客的双颊流下，这不是因为悲痛或怜悯，而是出于巨大的感恩——他感激皮特在自己生命中所扮演的角色。他看到自己的生命设计是完美无瑕的，看到彼得是多么完美地胜任了角色，扮演了自己的同伴、老师和镜子。他决定不对自己正感受到的痛走任何过程，而是如实地珍惜这份痛。在拥抱悲伤的时候，他毫无拘束地哭泣；欣赏和失落交融，进而扩展进入纯粹的喜悦。百睿客消失了。有的是临在。

第10章 毛毛虫和蝴蝶

我可能是只蝴蝶，但我知道你为什么出生。

——佚名《蝴蝶之歌》

“让我给你们讲一下‘想要飞的毛毛虫’的故事”，他在给广州的班级做总结发言，这是最后一天的下午五点。那天大部分时间他都在带领学员走各种过程，并不断提醒他们，把自己的不适感看作无条件的爱、道或真正的快乐乔装而成。他自己教得很少，宁愿让体验来教课。但在那天结束的时候，一个故事蹦入了他的大脑，所以他决定讲这个故事，并看看它会把学员引向何方。

“很久以前，有一个叫作陈的毛毛虫，他度日的方式是咀嚼树叶、躲开那些想要吃他的鸟和啮齿动物，并和当地别的毛毛虫互相摩擦触角——这是分享新闻或聊天的一种方式。虽然陈是个快乐的家伙，但是他心中有一个声音一直在告诉自己，生活不仅仅是树叶和生存而已。他在自己微小的脑袋中持续听到一个词，这个词就是‘飞行’。因为毛毛虫一辈子都只是一直向下看，所以他虽然注意到飞翔在他上空的生物的阴影，但他不知道是什么引起的。陈从来没有见过真正的鸟、蜜蜂或其他会飞的昆虫，所以他只能问他在旅行中遇到的其他毛毛虫，问他们是否听说过飞行。他会收到许多不同的答案。有的毛毛虫说飞行是个神话；其他毛毛虫告诉他，如果他进行特定的灵修，他就可以飞起来；还有的说，只要他不断地告诉自己我可以飞，那么他终会有成功的一天。

“然后有天他的朋友告诉他，一位了不起的大师在城里教毛毛虫如何飞行！陈打听了如何找到这位大师，并向森林进发。他找到了别人说的那棵树，并顺着树干向上爬了很远，一直到一根树枝那儿，大师正在对五十个左右的勤奋好学的徒弟讲话。陈注意到了王大师的背后有什么东西，并问老师这是什么。‘这些被称为翅膀。一旦你像我这样掌握了飞行技巧，你也会长出翅膀来。’王大师回答道。如果陈看得更仔细些，他会发现翅膀是两小片竹叶，用树汁粘在老师的背上。但是，陈完全折服于王大师的魅力和灵性权威的气场，根本没想过要质疑这位伟大的毛毛虫的话语。

“经过了几小时的灵性开示和问答后，王大师宣布他会给大家上第一堂飞行课！老师仁慈地微笑着，群体中一阵兴奋的低语像涟漪一样扩散开来。然后他要求大家闭上眼睛，关注自己的呼吸。在附近的一棵树上，一群鸟开始甜美地歌唱，陈很快就沉醉在平和而幸福的悦耳旋律中。然后他开始听到同伴们发出的尖叫声，里面饱含着惊奇和喜悦。他们一个接一个地大叫：‘我飞起来啦！’陈强忍着闭上眼睛，等待自己的时间到来。突然，他感到头部两个触角之间的位置有压力，一股力量将他从树枝上举了起来，他穿越大气飘浮起来，法喜充满。他睁开眼睛，看到树叶和树枝在他在空中飞行时从身边不断闪过，他飞了似乎有永恒之久。在他欣喜地尖叫时，时间对他而言不复存在。他现在知道飞行是怎么回事啦！他没有意识到的是，除了轻微地向左转和向右转之外，他基本上是朝一个方向在飞——就是向下。

“他轻轻地从一堆树叶上弹起，并注意到有些同学被王大师的员工扶着离开了树叶堆，还有些毛毛虫在他附近扑通落下，所有的人都带着兴高采烈的微笑，充满了惊奇和喜悦。当陈被扶起来的时候，有人递给了他一本宣传册，告知他王大师下周在另一棵树上的集会。噢，接受捐款，十分感激。

“在接下来的那周，陈一直在极喜的状态中等待再次见到王大师，并向人们描述他自己的精彩飞行经历。许多人有礼貌地听着，但表示自己没兴趣去体验飞行。其他人不相信他。还有人告诉他，他们更愿意待在自己老师身边，他们感觉自己的老师比王大师更强。陈看不出来这怎么可能，因为在他眼中，王大师是这个星球上最伟大的老师，也是唯一真正的老师，但他不想去争辩。陈有一两个朋友，听到陈向他们描述第一次飞行时，变得很兴奋，并询问他们能否跟他一起去下一次工作坊。陈的妹妹秀仙问了陈一个很无邪的问题，让陈为她示范如何飞行，这一下子就让陈卡了壳。‘我、我、我……不会！’他结结巴巴地说，‘你必须到大师的面前——只有他才能给你示范。’

“在接下来的几年，陈参加了王大师组织的每一次集会，并反复体验飞行，除了几次之外。尤其有一次，他记得触角之间感受到了压力，还有巨大的力量在移动他的身体，但什么都没有发生。当他睁开眼睛时，看到大师站在自己面前，两个工作人员正离开自己，粗重地喘着气。

“‘今天你的大脑充满了怀疑。你必须让自己净化，去掉这些怀疑，才能再次飞行。现在闭上眼睛，并冥想我的形象。’王大师准备走开。正当陈要闭上眼睛时，老师回头看了一眼，并说道：‘你很沉重，陈。你应该坐得离树枝边缘更近一些——这样，嗯，对你的灵性进步更有利。’”

“陈必须承认王大师是对的——他开始对自己走的这条道路产生了怀疑和疑问，比如为什么他只有在工作坊中才能体验到飞行。在参加完一个集会后，他经常会飘飘欲仙上一阵子，但最终枯燥乏味的日常生活会让他再度感到沉重。为什么他在家里闭眼练习时飞不起来呢？想想看，为什么他从来没见过王大师飞呢？大师谈到自己的飞行经验，总是指过往经历。为什么陈和其他的学生只能往下飞呢？”当百睿客接着讲故事时，他看得出学员很喜欢他的陈述，但他在怀疑是否有人懂得“他”指的是谁、指的是什么事。

“这些怀疑和疑问让陈如此心烦意乱，他决定离开自己的上师，去寻找其他的老师。他参加了许多课程——在这些伟大的演说家、艺人、励志家和灵性演讲者的课上，他也享受到了提升振奋的感觉和幸福安康的感觉，与他从王大师那里感受到的一样。每次他离开一个讲座、培训或工作坊时，他都觉得总算找到了‘唯一’能给他指明飞行正道的人。但每次，怀疑都会更快地反扑回来，而他从各个老师那里获得的总是同样的回应：‘不要在你大脑中给怀疑留下任何空间，老师是对的，有问题的是你的大脑——把它交出来，你就会自由。’陈很容易就相信他自己是问题，老师和技巧总是正确的，但他还是在接着寻求。他把所有的时间都花在寻找上，想找到能彻底满足他自由飞行欲望的那样东西。”百睿客在品味着故事结尾马上要说的最后两句话，并注意到时间所剩无几。再度开口之前，他环视了这个班中的每张脸。

“然后有一天，毛毛虫陈自发地爬上了一棵树，把自己固定在一根树枝上，建造了一个茧，并爬了进去。过了一段时间，他一跃成为一只蝴蝶。”

第11章

没有神圣之事

信言不美，美言不信。

——老子

2009年5月/6月

百睿客想取消他在中国台湾和日本的工作坊，立刻回家，奔到彼得的床边，但是他的朋友很坚定地拒绝了这个想法，并告诉百睿客一切照常进行。

“但这不是个正常的情况，皮特。”百睿客反驳道。

“死有什么不正常的吗，百睿客？打你第一口呼吸开始，死亡就开始发生了。”

“是的，不过你的情况对我而言似乎更真切一些。”

“是吗？‘甚至今晚要死的人还在为明天做计划。’我打包票会有个家伙在去上班的路上，感觉很健康、很有活力，认为自己有世界上所有的时间。某辆卡车会闯红灯，然后这个家伙会比我早一步去跟死神报到。”

“这和我有什么关系？我最好的朋友快死了，我就想——”

“当你回来时，我还会在这儿。医生还要挣我的钱去买捷豹呢，所以他至少要让我活到那个时候。他刚给我排了一大堆的毫无必要的检查，因为汽车在店里整修要花很多钱。”彼得很明显是在开玩笑，因为加拿大有社会化的健康计划，可以支付彼得的大部分费用。

“我真的想待在你身边陪你啊，兄弟。”百睿客不依不饶地说。

“谢谢，帕特，但是我希望你这次不要在这里。面对杰丝和孩子本身就够难的了。让我先把这部分处理好了，怎么样？”

所以百睿客继续自己的工作行程，同时飘荡在无意义感和原初人类感觉的空无中，迷失在生而为人的神奇和奥秘中。在此期间，他还要面对即将失去朋友的情况。此外，别人对他教学的反应，也令百睿客困扰不堪。通过主办方，他听到许多学员对他现在课上讲的内容很失望。有人表示困惑，而其他人有点愤懑不乐，因为百睿客承认他之前教的并非真相——一直以来，他真心认为自己分享的哲理和疗愈方法是站得住脚的，但他现在意识到了这只是信念交换而已。有个客户还真的找到了他在台湾合作的主办公司，并要求全额退还她七年间花在工作坊上的钱。

“我没有说我之前教的是错的，”他向素仙——台湾主办公司的负责人解释道，“我只是说那不是真相。”在他结束了台北的四天工作坊后，他们在开会。百睿客隐约觉得这是他们的最后一次合作。

“但是对你的学员而言，这意味着你之前在对他们撒谎——而撒谎就是错误的。”

“信念就是这样的，素仙。”百睿客解释说。王素仙在加利福尼亚州上的大学，英文很流利。“大部分的老师和工作坊导师就是这么做的——为学员提供一个哲理或信念系统，觉得这样会改善学员的生活质量。见鬼，有的老师还相信他们教的会拯救人的生命——还有来世！”

“所以现在你是唯一一位讲真相的老师啰。”这个四十九岁的女人怀疑地说道。

“我肯定我不是唯一的。”百睿客明确地告诉她，“我知道有其他人。我也没有说我是专家，了解什么是真正的醒觉。我说的很简单——信念并非真相。如果你会困在信念的囚牢中，我猜囚牢的最佳部位就是正面思考者所处的位置，但囚牢还是囚牢。在囚牢中不好也不坏，不对也不错。这只是做人的一部分。”

“但我从我的一个工作人员那里听到，你一直在跟每个人说，他们不需要工作坊！”素仙说道。

“没错，我是这么说的。这里的关键词是‘需要’。你不需要一个工作坊或一本书或一个老师才能从梦中醒来。没有人把毛毛虫推到茧里。只是某天就发生了——依据设计发生的。”

“但这个公司就是推广工作坊的！如果客户不需要工作坊了，那他们也不需要我们了！如果你劝阻人们不来上课的话，我们怎么来推广你的工作呢？”

“我没有劝阻任何人。”百睿客一边申辩，一边不安地说下去，“我在邀请他们参加，前提是如果他们想要的话，如果在他们心中感觉来是对的的话。”

“百睿客，市场营销可不是这么干的。”素仙告知他，就像她在跟小孩说话一样，“在我们这行，你要么针对需求，提供合适的产品，要么就在人们的大脑中创造出需求，好卖出你想推销的产品。”

“我明白经营是怎么回事，素仙，但说真的，我控制不了自己。实话告诉你，现在每次工作坊开始前和进行中我都在抓狂——每当我看到学员听了我讲的话可能很沮丧时，就会这样。我时刻准备着他们会离我而去。”当百睿客说出最后那句话时，他琢磨了一下，实际情况是，到目前为止只有两个学员离开了。

“那么为什么不再回去教你以前的那些东西呢？那时，人们很热爱你使用疗愈技巧的方式。”

“啊，是的，我的疗愈技巧。”百睿客摇摇头，有点被逗乐了，“我几乎都不记得这些技巧是什么，也不记得该怎么用。我不清楚你是否了解，工作坊提供的许多工具和技巧要不根本不起作用，要不只部分起作用，而且效果也极不稳定。”

“那你为什么用它们？”

“因为那时我是个信徒，而信念就是我的所有！我不知道还能做什么别的，而且，因为我是从一些看似如此自信的人那里学到的技巧，即使那些技巧有时彻底失败了，我还是靠着信仰继续干下去。老实说，我估计即使我用的疗愈方式对案主没有帮助，它或许也会带来‘安慰剂效应’，产生疗愈体验。”

“那是什么？”素仙问道，有点困惑。

“什么，安慰剂效应吗？”百睿客在想怎么解释好，“就像你的女儿说胃痛，你给她一片润喉糖，却告诉她这是灵丹妙药一样。”

“哦，她的胃痛消失了。”素仙说。

“正是如此。现在如果她摔断胳膊了，你还会给她那块糖吗？不会了，因为你知道这个并不灵。瞧，你还记得我们是在哪里遇见的吗？”

“在圣迭戈。”她承认。

“是的，我们都是究主工作坊的学员。那时我已经在加拿大开课了，但我刚离婚才一年，之前还失去了我的女儿，所以情绪上一片混乱。你还记得我告诉你我跟究主走的过程吗？”

“我记得有什么事发生了，但那是好久以前了。”

“事情是这样的，究主问我，我在用谁来阻止自己发展下一段关系，我说是我的前妻米拉。然后究主告诉我闭上眼睛，看到米拉站在我心的前面，阻挡任何人进来。接下来，他告诉我揭下米拉的面具看看后面究竟是谁，而我看到了我的母亲。究主建议我谢谢我母亲这么尽职地保护我不受伤害，并将她交托给天上，所以我观想我母亲向上升入了光中，然后我睁开眼睛。

“究主正站在我面前，像平常一样微笑，而且他高举右手说道：‘这是你的下一段关系向你走来。’然后他把手向前移，放在我的心口上。就在那个片刻，我知道我将很快遇到我的下一任妻子——确实如此！一分钟之后，玛丽亚走进了房间，究主转向我说，百睿客，你觉得一个墨西哥老婆怎么样？”

“究主太神奇了。”素仙如梦如幻地说道。她曾想过要在台湾推广究主的课，但是输给了一家更大的公司，那家公司推广了不少新时代的工作坊。百睿客知道自己一直是素仙的第二选择，因为事实证明她参加了究主的所有活动，哪怕是和百睿客的活动时间有冲突。

“我同意，他是很神奇。”百睿客承认，“但关键在这儿：就我所知，我看见究主尝试这同一个技巧至少有十来次，在过去的大概二十年，我自己也多次应用了这个技巧。不过，不管是究主用还是我用，再没有人能达到像我这样的效果。我是唯一因为这个技巧而直接遇到伴侣的人。对那些抱怨技巧不管用的人，你知道我和究主是怎么说的吗？”

“我知道你怎么说，你说是因为他们并不是真的想要伴侣——潜意识中他们更想要其他的东西。”素仙笑起来。

“完全正确！我告诉他们，他们还是想报复自己的母亲或父亲，或他们还没有原谅之前的伴侣，或者——瞧，有超过一百五十种可能的潜意识动力，按理说都能阻碍你获得你想要的——无论想要的是快乐、成功，还是与你的‘唯一真爱’相处等。然后，还有所有的无意识碎片，可以被一个人所谓地‘紧抓不放’。但事实情况是，这些技巧不起作用。它们有时显得有点效——好勉强让人相信它们不是一点用没有，但大部分时间，它们没有任何效果。技巧和工具是催眠状态的完美设计，旨在让我们确信力量位于全息图中——位于一个疗愈技巧或某个教导中。你不是力量——工具才是！”他们两人都沉默了片刻，似乎素仙在脑海中回顾百睿客刚刚和她讲的内容。然后，她脸上浮现出恐惧和愤怒的神色，就好像她一直在组装拼图，最后被拼好的图片吓到了。

“我不相信你。你都当了二十多年的老师了，许多学生说自从他们遇见了你，生命都有了很大的起色。我认为你的教导和你的疗愈技巧确实对人们有巨大影响，我不明白你现在为什么要否认你的天赋。”王素仙看上去如此难过，以至于百睿客的一部分真诚地希望自己能够配合她，再回去教那些旧的内容。因让别人不快乐而产生的内疚感涌现出来，他内在的讨好者随之被撕成了碎片。他想到了茧，还想到在蝴蝶成形之前，毛毛虫是如何被彻底粉碎为糊状的。

“我之前获得那样的成功，很大程度上得益于当老师的光环、灵修道路的光环以及虔诚的光环。一旦寻求个人成长或灵性成长的人遇到了一个对他们有意义的模型，这就变成了他们的灵修道路。因为是他们的道路，所以必然是正确的道路。他们相信自己是不完整的，需要外在的人或事使他们完整——正是这个信念说服他们，这个老师就是会帮助他们实现完满的人。他们对归属感和重要性的需求将激起他们对老师的忠诚和爱戴，也将激起他们的奉献精神，让他们投入灵修道路，投入所有灵性或自我提升的原则和技巧之中。”

“但像你和究主那样的人的确是伟大的老师，而你也确实帮助学生找到了他们在寻找的东西。”素仙坚持说。

“当你处于催眠中而且不知道你自己真正是谁时，看起来肯定是这样的。我见过人们拼命地要去上另一个工作坊，因为他们确信，没有那个老师的指引，他们是无法解决一个重要的人生课题的。我一个朋友就是这样。他非要去究主的工作坊不可，好让究主帮他解决他的金钱问题。然后他回到家，告诉妻子老师跟他讲的东西多么有帮助，这时妻子对他说：‘我过去三周以来一直都是这么对你说的！’看见没？他深信不疑，他需要听到的东西，只有老师才能告诉他。”

“我老公这么跟我说了上百次了！”素仙笑起来，“他说我只听从究主嘴里说出的话。”在百睿客大脑的某个角落留下的印象是，她只听究主的话，而非百睿客的话。

“我是说，这整个就像《绿野仙踪》，素仙。老师躲在魅力的帷幕之后，倡导那些旨在安慰你或鼓舞你情绪的深刻言论，并从他的魔术袋中掏出一些特别的技巧。目不转睛看着演出的学生陶醉其中，他们更有希望了——魔术师将修复他们受损的灵魂，并携带他们进入天堂。”

“所以你说你是冒牌货。”

“哦，我们都是冒牌货，都在假装成为别的样子。我是说，我躲在那个帷幕后，还把其他魔术师的帷幕拉了下来，并嘲笑我自己的轻信。灵修道路的光环、老师的光环和虔诚的光环都是毛毛虫的设计，就是为了阻止你独立思考的。在你生命的第一阶段，你注定要相信梦是真的，你绝不能质疑老师的必要性，你要假定这些老师肯定比你更先进，这样他们可以告诉你要思考什么。学生仰望老师，而老师只是仰望着更伟大的老师——从来不是仰望着学生。但你从梦中醒来时，一切都改变了，你发现老师只是你生活中的便利，而非必需。没有什么人比你优越，素仙，大家都是平等的。”

“但是百睿客，你不能跟学员讲这个！在你那儿行，你不许批评其他的老师或他们教的内容。你不必赞扬他们，但你不能攻击他们！”百睿客发现，当人们误解他，并指责他爱评判和批评时，他觉得有些沮丧。不过，他温和地呼吸，进入了自己的沮丧，并向自己承认他觉得有些内疚。他算老几，要由他来宣布皇帝是赤裸的?

“素仙，这不是在批评新时代、灵性或心理学的教学领域。我遇到的每个老师都真心认为，自己在跟着心的指引服务他人，好让人们体验更高品质的生活。就像成百上千的人一样，我只是正好跳出了催眠才看清自己在梦中，梦里有一层又一层的谎言、故事和幻象。幻象有信念转化、宽恕、吸引力法则、个人全责性，还有成千上万的其他疗愈、转化或提升你自己的方式——老师教这些幻象，只是帮学生做个更美的梦而已。为什么不做呢？照我看，如果你要继续睡觉，还以为梦是真的，那不如尽量做甜蜜的梦。

“但不管你做的是美梦还是噩梦，当你从梦中醒来，并意识到你认为的自己也只是梦的一部分时，就不那么容易被信念所愚弄了。”百睿客看得出，他的话丝毫动摇不了素仙的立场，他开始为一个重大的放手做准备。他有点难过，因为他和王素仙在一起合作十来年了，并形成了很甜蜜的友谊；但他知道，一旦他俩的业务关系断了，他很可能再也见不到她了。他想最后努力一次，来争取她。

“课上我一直在努力，想让学员看到节目制作的幕后场景。为什么？我不知道。我想我只是发现了整个新时代领域和别的‘道路’都很引人入胜——它们的运作方式、到目前为止取得的成果太迷人了。有的人喜欢把电影花絮的DVD弄到手，观众可以在里面看到电影是如何制作的。爆炸、怪物、飞行的人、沉船……当你看电影的时候，一切看起来如此逼真。看看幕后也很有趣，因为你有机会看到自己是怎么被骗的。观看花絮的人不会转过身来冲着导演或特效人员发火。我对以前的老师——包括我的父母，也没有感到任何苦涩或失望。他们的演出都很精彩，我只能报以微笑，甚至大笑，并说道：‘噢！我就是这么被耍的！太惊人了——太美妙了！’”

“但是大部分人不看这些幕后DVD。他们想欣赏电影，愿意被骗。”素仙断言，“他们不想电影院里有人坐在身边，告诉他们这些都是假的。”

“也许你是对的，”百睿客退了一步，“但也许还有像我这样的人，已来到了生命的这个阶段，并想去庆祝生命。”

“百睿客，我觉得你的工作过于超前了。大多数人还没有准备好——尤其是亚洲这里的人。你的教导听起来像来自外星球！”

“没有人是准备好了才醒来的。这和灵性提升或其他哲理没有关系。瞧，你有一个美国老公，对吗？你之前会跟孩子们说，每个圣诞节圣诞老人都会给小朋友带玩具来，对吗？”

“那当然。”素仙承认。

“你孩子现在多大了？一个十五，一个二十了吧？”

“莉莉十七岁了，托马斯二十二。”

“圣诞节你还跟他们讲圣诞老人的事吗？”百睿客问她。一想到二十二岁的托马斯在一棵圣诞树前上蹿下跳，并嚷着“耶！圣诞老人来啦，圣诞老人来啦！”，他就不由得微笑起来。

“当然不讲了。他们九岁或十岁时，我们就告诉他们了，不过具体时间不记得了。”

“当你们告诉他们时，他们想了解圣诞老人的真相吗？”

“不太想，但是过后他们告诉我，他们很开心我们说出了真相，不然学校的孩子会取笑他们的。”

“嗯，我现在做的事，其实也差不多。在工作坊之外，我几乎从不跟人讲被我称作‘醒来’的这回事。但涉及工作时，一直向成人讲跟小孩才说的话不是我的做法。当我是毛毛虫时，我讲话就像毛毛虫，但我现在已经不是了。”接下来有片刻的沉默，素仙在酝酿她要说的话。

“百睿客，我替你高兴，但我现在不知道该怎么宣传你了。我认为台湾没有足够的潜在学员来听你要讲的东西，像这次这样赔钱下去，我也做不起。”随着眼中泪花浮现，她说道，“我很抱歉，但我想你最好另找他人。”

第12章 受害者囚牢

如果天堂周边有围墙的话，就算是天堂，我也想逃。

——百睿客·肯尼迪

2009年6月

“哈维·凯勒。”彼得说道，他的声音在电话里显得非常清晰，百睿客很容易便忘了他们相隔万里。百睿客在东京，为接下来的四天工作坊做准备。

“什么？”

“哈维·凯勒。”彼得重复道。

“还有其他你张口就来的名字吗？”百睿客询问道。他刚跟朋友说了他在广州讲过的毛毛虫的故事以及素仙在台北的决定。

“嘿，你的故事讲的是，人们自然就醒了，不需要一个老师或一条道路。就像毛毛虫一样——毛毛虫钻进茧里，不是有人引导或被推进去的，它们自然而然就这么做了，对吧？”

“对的。关键是没有人有力量让你醒来——或让你留在催眠状态。”

“是啊，但是哈维·凯勒——记得那个天才的小学生吧——他以前经常把毛毛虫挤回旧的虫茧中。”

“胡说。”百睿客坚持己见。

“我看到他这么做的。他想看是否能培育毛毛虫，加快它们成为蝴蝶的过程。”彼得顿了一下，然后补充道，“我想那些其实是蛾子。”

“所以你说的是，因为一个没有耐心的孩子，我的比喻就不成立啰。”

“我只是说，你并不是什么都知道，百睿客。”

“这我知道！但你是说，有人可以让别人醒来吗？”

“我说的是，你并不是什么都知道。”

“我知道我醒来了，而且这个世界是一个全息幻象，而且——”

“哈维·凯勒。”彼得插嘴说。

“为什么一下子我很讨厌这个名字呢？”

“你可以相信某事，也可以不相信某事，但是你什么也不知道。了知就是了知——我们用这个词来形容无法用语言描述的某事。一旦你把了知附着在某事上，你所体验的并不是了知——而是某事的幻象。这不是了知。”彼得在那之后缄口不语，百睿客也无法立刻回应，所以接下来有一段长长的沉默。百睿客想了一下自己的毛毛虫/蝴蝶的比喻，以及一旦裹在茧里，毛毛虫实际遭遇了什么。这只昆虫之前的方方面面都摧毁了，只剩下了一团糨糊，蝴蝶就是由此诞生的。他在思考，自己的信念似乎也在经历相同的消解过程，把他留在无法定义的空无中。他观察到周遭一片虚无，他也无法想象从这里会浮现出什么。

“见鬼，”百睿客最终打破沉默，“每次我认为我有什么东西可以教的时候，我最终都认识到没什么可以教的。”

“哦，可怜的孩子。你教什么内容，又有多大不同呢？”

“嗯……”百睿客在找理由，“我不知道……这是我的工作。这是我做的事。”

“好，那就接着做吧。”

“但是教课又有什么意义呢？我再教下去也没什么目的了。”

“就是为了做而做。”

“这听起来不错，彼得，但也听起来很无聊。如果教课没有什么意义，也没什么目的了，真的会感觉很空虚。我还不如待在家里整天扫地板呢。”

“没错。扫地、刷墙、追银行劫匪、做脑部手术——这些都是一样的。”再一次，百睿客感到地板在下面消失，他航行在空无中，像经过深渊般的黑暗一样。他做老师的最后一点执着也开始消融，他逐渐回忆起是什么在维持他的执着。

“我想跟你分享一下，我之前只和玛丽亚讲过。”百睿客说道，感到脸上因为羞愧而发热。

“我很荣幸。”彼得的回应带着讽刺的音调，不过他的朋友没管这个。

“早在1987年，我意识到我一直在做学生，我陷在当中的主要原因是，我确信自己无法独立思考。既然我是个微不足道的学生，我的想法肯定也是不充分的，这明显意味着我想的每件事都是错的。我的老师会有正确的想法和理解，还得费劲把这些灌输给我。就我所知，我关于灵性成长或个人成长的每个信念都来自某位老师，要么直接来自老师，要么通过书本获得。所以有一天我得出一个结论，要想有朝一日开悟，唯一的方式就是自己成为一个老师！”

“这当然纯属胡扯了。”彼得说道。

“但在那时，我的推理还是有些道理的。我从来没听说过一个学生开悟的；我曾经听到的或读到的所有故事，都在讲上师是多么伟大和完美，而学生还是接着当忠诚的蠢蛋。此外，老师还很重要！”

“啊，现在真正的原因冒出来了——你只是在努力证明，自己是个多伟大的家伙罢了。”

“也许。嗯，是的，你说得对。我对重要性的需求与我对真理的渴望密不可分地糅在一起，就这样，我决定了当老师。到1993年左右，我决定要成为独一无二的老师、那个最终的权威——无须向更大的权威寻求方向或指导。我想和那个更高的力量有直接沟通的渠道，但如果我一直把其他人——比如究主或嬷嬷尊母——当成媒介或更大的权威时，我就做不到这一点。在做了六年的工作坊导师后，我决定我必须至少和究主一样伟大，或者比他更伟大。同时，我认为自己不够格的信念让我觉得很不安全，结果是压力不断增加，什么样的老师都当不成！”

“我一直都知道，你在和究主竞争。”

“彼得，就我所知，我一直都在和我认识的每个人竞争——包括你在内。”

“是啊，但是其他人的竞争没有像你和究主的较量那样折磨你。”

“没错。但不管怎样，在接下来的十年或更长的时间里，我不懈努力，想和究主平起平坐，这样我可以赶超他；同时，我感到只要究主还在我前头，我就必须等待他正式发话，然后传到我这里来。即使他和我之间的师生关系已经终止，我带领工作坊和引导过程的模式，还是在他的基础上改编的，而且，我有很多潜意识和无意识动力的研究，仍然受他的影响。”

“嘿，肯尼迪，这么多年来，我一直是这么跟你说的！”彼得插话说。

“好吧，所以我现在承认你是对的。满意了吧？”

“完全满意，我就知道可以又正确又开心！”

“不管怎样……”百睿客强调道，又回到自己的故事，“我其实是在他的体系之内工作的，所以我不得不认为自己永远都在炒究主的剩饭——打比方说的话。除了玛丽亚之外，没有人知道我多年以来一直在忍受着这样的折磨，状态起伏不定。外表上，从各个方面看，我是个不错的人，大脑非常聪敏，沟通技巧良好，个人魅力十足，虽然这行并不以职业生命长久著称，但我依然坚持了下来。”

“但现在是2009年了，所有那些折磨和竞争的情绪已经消失了，对吗？”彼得问他的朋友。

“眨眼间就消失了，”百睿客笑起来，“想象一下过去的自己，我们努力拼搏，在灵性进步的梯子上往上爬，同时，我的双手都揪住究主的衬衫下摆。我注意到我的一只手抓住他的衬衫下摆，这样究主可以带着我向上爬，另一只手却悄悄地试着把他的屁股整个从梯子上拉下来。但当梯子消失的时候，我的折磨也消失了。”

“所以你现在知道了，一个老师并不比你当地的调酒师更接近真理，你不必为了活出某种神圣形象而让自己压力过大。而且你不用再证明什么了。”

“这听起来并不那么棒。”百睿客评论说。

“这是因为你在评判它。我俩都知道当我们在评判某事时这意味着什么，对吧？”

“等一下，这个答案我知道！”百睿客假装在找正确的回答，“呃……这意味着，呃……”

“这意味着你被一个信念蒙蔽了。”彼得插话了，“而这个信念是什么呢？”

“呃……呃……等一下，我知道答案……这个信念是，我必须要获得有价值的成就或成果！我只有这么做才能快乐！”

“对，这下面的核心信念是什么呢？”

“是我……不够好？”百睿客猜测，“我不知道，这里有各种各样的信念：我不够好，我很渺小，我微不足道……所以我必须有所成就，来证明我是有价值的。”

“对的，”彼得肯定他的说法，“过去你的目标是证明你和究主一样好，因为你把究主看作终极存在——高高矗立，仅次于神。所有关于自己不配得的信念，以及你是如何补偿这个信念的，都让你远离快乐。这些信念把快乐放在未来，把不快乐的原因放在过去，让你分心，不能注意到既非过去又非未来之物。”

“现在。”百睿客说。

“我不愿意用这个词。”彼得说，“‘现在’这个词的用法一般意味着时间上的一个点，位于过去和未来之间的那个点。目前或当下都一样。这些词都意味着，人们相信，目前或当下的体验是包含在时空的背景之中，而不是在意识里的一种体验。即便说真相超越于时间和空间，也会给人一种地点和距离的错觉。”

“你一直这么讲下去，就没词用了。我的意思是，所有的言语都指向某种锁在空间和时间里的东西。”

“这就是为什么我谈到只是为了做而做。是有体验，是有真相，但是一旦你对你正在做的事有所期待，比如期待某种结果或成就，或……或快乐，你就无法了知真相。”

“哇哦！”百睿客叫起来，“你还真说了些完全有道理的东西！”

“嘿，帮人正确看待人生这方面，晚期癌症患者可是有一套的！”

“对了，你情况怎么样啦？”百睿客问道，有点惭愧只顾着讲自己微不足道的工作困境，而他的朋友面临着生命中最大的挑战。从他得知彼得的情况起，已经有十天了，而他还要带完两个工作坊之后才能回家。

“我没事。”彼得告诉他，“每天稍微溜达一下还是可以的。有些天，我真觉得我在好转，但下一天我又完全趴下了。今天是我们癌症患友所说的好日子[①]。你什么时候回来？我都想死你了，老兄。”

“再多等两周会要了你的命吗？”百睿客用自己的双关语回应他朋友的双关语。

“这是个像坟墓一样严重的问题。”

“我能挖明白的。”

“这个对话离开了我们刚才所谈论的内容。”彼得用另一个双关语回击。

“好吧，你赢了。我现在想不出任何词，除了谢谢你——感谢你的引导，当然也感谢你这么多年以来一直是我的铁哥们。”百睿客感到眼中有泪涌动。

“彼此彼此，哥们。”彼得轻声回答，然后说，“瞧，我现在得躺下来了。给你咨询累坏我了。”

① 译注：双关语，另一个意思是白天说的“再见”。

****

为了做而做，百睿客一边想着，一边坐下来与日本的工作人员一起开晨会。让你的创造力流淌，坐下来，并享受旅程。在他探索灵性的日子里，他曾多次听说过并读到过“无目标的活动”，但他从来没有认真考虑过这么做。“不要执着于你行动的结果。”他一直看不出这句话有任何意义，现在依然如此。他还住在道场的时候，即使分配给他美其名曰“无私服务”的粗活，他还是念念不忘灵性进步的自私目标。

而且无私服务也有不同的程度！别人再怎么跟他说，在嬷嬷尊母看来，打扫道场的厕所和救济穷人是同等重要的，但是在大脑深处，他还是听到一个声音告诉自己，神是不去上厕所的。某些活动看上去就是比其他的要更有价值。在人生中，他曾经当过一个大的配送中心的存货管理员，而现在他是国际工作坊导师、作家和公众演说家。这两者在声望、知名度等方面没有可比性——但他提醒自己，你当工作坊导师并没有更快乐。也许你的社会地位让你感觉更加自豪，你的经济状况可能更好些，但是赖以谋生的工作真的让你更快乐了吗?

“真正的快乐是无条件的。”他几天前刚在台湾给学生讲过，“这意味着它不会来来去去，不会因人而异，不会要求你竭力争取或得做什么才能获得。真正的快乐就是你的本来面目。快乐没有目标、没有欲求，也没有规定。”他不记得是什么使他在台北说这番话的，但现在回想起来的时候，他意识到，真正的快乐如果有人的形态，可能就会按照“为了做而做”去行动。

他正准备从问答环节开始工作人员会议的时候，突然来了一阵灵感。他找了四个助教帮忙，提出了自己的想法，并让助教们练习各自的角色，直到课程要开始了才停下。

他欢迎了大约八十个学员，并介绍了工作坊的双重主题（成为情绪上的成年人和/或从灵性失忆中醒来）。接着，他深吸一口气，并开始实施他的创意。

“你们可能没有觉察到，但我们其实都是在囚牢中出生的。今天，我想向你们介绍你们所居住的囚牢的组成部分，并帮你们看到这个机制是如何在你们生活中运作的。”他每介绍一位工作人员以及其所代表的方面，那个助教便在马蹄形当中的地板上站好位置。

“渡边久美子是你们的‘我’的意识。她代表的这个部分可以觉察到你们周边的环境、想法、感觉、身体觉受等。接下来我们有松井研一，他代表你们的‘受害者’，你们的这个部分感到渺小、受伤、内疚等。本田正道代表你们的‘迫害者’，你们的这个部分爱批评、评判、生气，充满了指责。最终，政太伽倻子是你们的‘拯救者’，你们的这个部分涉及分析自己，并找到方法去改进自己，或让自己感觉更好。现在有三个人——受害者、迫害者和拯救者——形成了一个三角形，位于中间的是久美子，就是‘我’的意识。这个三角形足够大，允许久美子走动一下，同时又足够小，能让每个角落的任一方面伸手去把她拉过来。

“每当你在生活中面临一个问题时，这三个方面就被激活了，每一方都在试图吸引你的注意力。渡边久美子刚从银行回来，发现自己的账户透支，而且她的信用卡都刷爆了。”当百睿客说完，受害者研一把久美子拉了过去。

“我破产了！”受害者极度痛苦地叫嚷着，“我该怎么做？我会失去我的公寓，还有，噢，老天！我可能要去住大马路了！我和家人的脸都没地搁了。可怜的久美子，你的人生毁了！我这么迷失、孤单，我能做什么？我是个失败者。”

“不要再自怨自艾了！”迫害者正道严厉地说道，让许多学员很震惊。他把久美子扯了过来，嗓门提得更高了。“你是个没用的笨丫头！你太蠢了，根本管不好钱。你从来不会事先预算或规划，因为你没有大脑！你父亲是对的！你没法照管好自己，你是家里的耻辱！你活该从自己公寓被赶走！”

“好了，让我们不要这么悲观。”拯救者伽倻子伸出手去，温柔地把久美子拉向她，并温和地微笑着，“让我们分析一下你的情况，并想出一个正面的解答。”

“这不管用。”受害者从他的角落喊着，“我不够强壮，也不够好，无法在生活中成功。”

“好了，好了，你只想用更正面的想法。要决心成功！”

“她永远都不会足够坚定的！”迫害者叫起来，十分愤怒，“她太懒了，也没有纪律性。”

“我这人太差劲了。”受害者悲伤地呻吟。

“这是因为你有个可怕的父亲，他批评你，从不欣赏你的努力。你今天有这样的问题，得怪他！”迫害者吼叫着。

“好了，好了，让我们分析一下你的童年，并找到你遭遇了什么痛苦的事情。”拯救者建议道，“有了宽恕和理解，我们可以改变所有关于你自己的负面信念。然后你就可以过更快乐、更成功的生活啦！记住，要正面思考！”

“这些我都试过了，”受害者抱怨道，“我上了很多肯尼迪老师的课，但从来都没变好过。”听到这句评论，学员哄笑起来，并拍着巴掌。

“那个老师不够好！”迫害者声明。

“你得接着找更好的老师。”拯救者补充说，引发班级中更多的笑声，并让百睿客感到些许尴尬。

“这都不打紧；反正她是个差劲的学生。”迫害者喊出来。

“只管每天告诉自己：你很棒，你值得拥有宇宙想给予你的所有丰盛。”拯救者提醒她，“只要对生命说‘好的’！还要接着去咨询、上工作坊、读灵性书籍、练习冥想，我会和你在一起，让你的大脑充满有爱、正面的想法，我会提醒你，终有一天，你会到达这段黑暗期的终点，并找到完美的快乐。”

“而且我会一直在那里，向你指出你哪里搞砸了——你一直都在搞砸！”迫害者脱口而出，“不管你怎么努力尝试，永远都不够好！我会一直批评你，直到你每件事都做得完美为止。当你忘了说正向肯定语的时候，我会折磨你，当你说的时候，我会批评你说得多差劲，我会责备你、责备你的家庭和社会毁了你的人生。”

“我这么不快乐，”受害者哀号，“我什么事情都不顺。我这么不幸，接二连三的，只有更多的厄运……”

“哦，闭嘴吧，别哭了！”到目前为止，站在囚牢中间的年轻女士不断地被拽向囚牢的所有三个角落。

“得了，得了，没事的，久美子。你不应该这么负面地思考。你要更开心些，一直如此。”

“你应该更有纪律！你应该停止自怜！”

“你应该更加乐观，要看到生活光明的一面。”

“我做不到。”

“你只要发怒，并督促自己每天都加倍努力！”

“你只要增强意愿并决心放下，允许宇宙来带你走。”拯救者坚持说，“不要让坏感觉进来。不要有负面的念头。”

“我试过了，”受害者固执己见，“但我就是做不到。负面念头不断进入我的大脑，我觉得糟透了。没人理解我的感受。”

“我受够了你的哀怨！”迫害者叫着。此时，百睿客介入，请各位演员原地站好，并让他们发言。

“每当你面临一个挑战或问题，并认为这超出了自己的处理能力，就会发生这样的事情。你们有些人可能马上就跑到拯救者那里，试图分析情况，认为如果搞明白了情况为什么存在，你就可以改变或修正它。有些人可能变得沮丧而愤怒，要不责备或批评自己，要不把矛头转向他人——让别人来为你的问题负责，要求别人做些什么好让问题消失。而有些人在受害者的角色中陷落、瘫痪，感到无助、孤立、被误解、内疚。一般而言，如果问题持续或恶化，你的觉知就会在各个角落之间来回弹跳。”他走到白板那里，画了一个倒三角形，又在里面画了一个小火柴人，接着在页面的顶部以及每个角落各写了一些字。

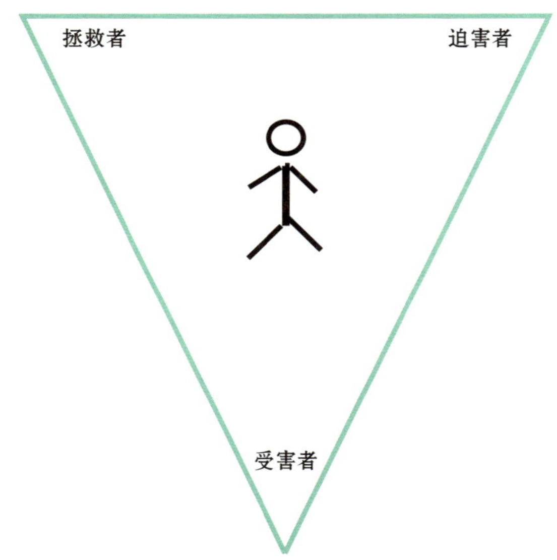

“这就是受害者囚牢。这是我从史蒂芬·卡普曼（Stephen Karpman）的模型修改而来的，他提倡的是交互作用分析（Transactional Analysis）。虽然卡普曼的模型更多谈及人类行为，但我偏向于把它更多地应用到我们的思考和感觉方式上。现在你们看到了，久美子被从一个角落拉到另外一个角落，好像她被这其他三个方面控制一样——事实也是如此。这个受害者囚牢的系统自动运转，即使在你睡觉时也是工作的。在某种意义上，久美子是睡着的，所以很容易被控制。但如果久美子决定醒来并彻底离开囚牢，而且只有一个出去的门，会怎么样呢？有谁认为这个门在受害者角落？”他环视学员，但没有一个人举手。

“你们有多少人认为，出路在迫害者角落？”同样，没有人举手。

“你们有多少人认为，出去的门在拯救者那里？”这次基本上每个人都举手了，百睿客微笑起来，“这言之有理，不是吗？拯救者是唯一那个不带情绪来分析问题的人，能提出解决方案，并建议你如何实施。也许如此——如果你的问题只是机械性的，甚或是一个智力谜题，比如试着去理解污染对天气的影响，那拯救者或许有出路。

“但每当人类的感觉被卷入时，不同的动力就在你内在发生。让我们来看看久美子的门在哪里。”百睿客示意演员们接着表演。久美子站在三角形的中心闭上了眼睛。迫害者一言不发，采取了暴君般的权威姿态，愤怒地紧皱眉头，轻蔑地撇着嘴，一只手叉腰，另一只手愤愤不平地指着她，传达出了不耐烦和责备。拯救者大张双臂表示欢迎，同时脸上保持着无所谓的宁静神色。受害者耸起肩，双手交叉在胸前，盯着地板，表情痛苦焦虑。

过了三十秒后，久美子来到受害者面前拥抱了他。他们保持着这个姿势，与此同时，播放了一首温柔的歌曲《记住你是谁》。

记住、记住、记住你是谁
生活只是一场戏——记住你是明星
不是那个身体的“你”，也不是那个头脑的“你”
醒觉于那个“你”，超越了所有时空的“你”
醒来！醒来！从梦中醒来
地球及其神奇并非显现出的样貌
看见你本所是的和平之光，比金子更闪耀
记住、记住这道光的美妙

音乐继续播放着，久美子完成了过程并松开受害者。受害者站到一边，允许她走出囚牢，来到牢墙之外。代表囚牢三个方面的助教回到班级后边各自的位置上，而久美子在全班面前翩翩起舞。

记住、记住，你从未出生过

无时间、无空间、无外相，即是你的本来面目；

享受、享受、享受这宇宙之梦吧

记住，你是做梦者，梦到你是梦中人

“如果你有问题，但不需要解决呢？”当久美子接受鼓掌并回到座位后，他问道，“如果问题的存在是有目的的，连拯救者也认不出来呢？”

“先生，这会是什么目的呢？”一个学员礼貌地询问道。

“好，首先让我们有意识地体验一下囚牢，并看一下走出牢门的感觉如何。也许你自己能回答这个问题。”在当天剩下的时间中，百睿客采用了焦点人物、小组练习和伙伴作业等方式，让学生熟悉术语，并熟悉受害者囚牢的体验。

他的方式会首先帮助人们觉察，了解自己是如何使用思考和情绪化的习惯模式来逃避自己的不适感的。在婴儿和小孩时期，痛苦的感觉是人类系统所不能承受的，且看似是一种致命的威胁，所以为了保护自己，人们在痛苦和有意识的觉知之间建起了一堵拒绝之墙。人类一般会培养出强大的理性心智，把痛苦的感觉看成是不理智的，因此在追求安全感和快乐时，痛苦感毫无价值。“因此，”他说，“人类持续活在提心吊胆中，为自己的恐惧担心，甚至不知道自己大部分时间都在害怕。”

百睿客引导他们进行体验性的练习，让他们远离迫害者与拯救者，而靠近受害者的体验。体验到了，他们就接着识别出问题似乎在触发的那些核心感觉，将感觉视为能量，并拥抱平和、爱和喜悦的振动——平和、爱和喜悦是全息图中最高频率的能量。没有一个学员汇报说体验到了道、无条件的爱或弗雷德，而百睿客也无意在那天向他们介绍这个主题。

当然并非所有的学员会利用这个机会来走完整个过程。就像在所有工作坊中一样，有些人仅仅感受到痛，并经历温和或极度的宣泄，这样就满足了。作为咨询师，百睿客很早前就了解到，宣泄情绪的体验——无论是通过愤怒、悲伤还是大笑表达出来的——在治疗中都没有特别功效。这些反应在治疗过程中可有可无，但也没有干扰的作用。他意识到，有时，我们只是想好好叫一下，好好哭一场，让我们的故事内容更丰富些。

在这个工作坊的第二天，百睿客在白板上画了另外一个倒三角形。

但这次描绘出的受害者囚牢比他早一点画的版本的要小得多。在这个囚牢的中央，他画了一个小火柴人。

“我二十多岁的时候，在一个组织里当志愿者，这个组织会把人员派遣到各个机构去。我们一批年轻人会访问敬老院、精神病院、无家可归人的施粥所，以及监狱。我们的目标是去安慰那些不如我们幸运的人。我们经常访问那个地区的某个特定监狱，并和犯人在监狱的一个小会议室里聚会。会议室的墙壁和屋顶都刷成了灰色，而且地方非常肮脏，但我们会想办法用歌声和故事来激励犯人，让那个地方的氛围更轻松些。大体上，那些犯人是很喜欢我们在那里的，但我看原因是我们去的人中有一半是女性，这总是很吸引犯人的注意力。”这句话使几个学员微笑起来，还有几个咯咯笑出声来。

“有一天我们去访问，当我们走进会议室的时候，我很诧异墙壁和屋顶不再是灰色的了，而是刷成了美丽的蓝色。我向一个犯人发表意见，说墙壁看起来好漂亮，他只是笑笑说：‘是啊，现在我住在蓝色监狱里了。’巧的是，两周后，正是向我说这句话的人在自己的牢房中自杀了。”百睿客摇摇头，回忆起那个年轻男子的脸庞，“现在我住在蓝色监狱里了。

“我给大家分享这个故事是为了解释受害者囚牢。这个模型我用了十二年左右，在工作坊和个人的生活中一直都用。我觉得，它确实帮我在情绪上成长了，而我认为，整个世界都严重忽视了情绪成长这个要素。我们的身体和智力都在成长——人性的这两个方面也是我们教育的重点，但我觉得，我们大多数人还是孩子时，情绪成长就停止了。

“我记得有一次圣诞节，那时我大概十三岁，我们已经把所有的圣诞礼物都打开了。我们家总是在圣诞节的早上打开礼物，我收到的一份礼物是一个棋盘。过了一会儿，当我们正准备吃圣诞晚餐时，我的父亲拿着棋盘找到我，说吃完饭后咱俩可以一起玩这个游戏。我告诉他我玩不了，我吃完晚餐后要去姐姐家。想不到他真的生气了。这位五十五岁的老人把棋盘扔到地板上，并说道：‘甭想再让我跟你玩游戏了！’我很震惊，一个成年人能如此幼稚。多年以后我才了解，他的那种愤怒我们都有，我们在两岁或更小时就有了，而且我们从来都没有真正成熟，让自己超越愤怒。

“我有次在休斯敦参加研讨会，我记得那里的老师是大卫·史纳屈博士。他说，当你离开家的时候，你的情绪成熟度和你父母是一样的。我离开家时是十八岁，但如果他说的是真的，我那时的情绪可能是六岁或七岁大。”百睿客指着三角形，“这个模型旨在帮助人们成为情绪上的成年人。从囚牢走出去的门只有一扇，就在受害者那里。你愿意面对自己的感觉并如实接受感觉，就能走出那扇门。”

百睿客从火柴人那里拉出了一条直线，连到三角形上受害者的那个点，又延伸出去几厘米，然后在这条线的末端又画了一个火柴人。

“现在我是从囚牢中出来了，对吧？好，第一次有这种体验时，我是这么想的。但一两天后我意识到了什么……”在之前的那个三角形的外围，百睿客又画了一个更大的三角形，并包围住了他的第二个火柴人，“我意识到我又在囚牢里啦！其他的问题出现，我又拒绝，因为我不想感受问题带来的不适感。我又开始在迫害者和拯救者之间打转，好一会儿才想起来门在哪里。”再一次，他从第二个火柴人那里画了一条线，经过受害者的点。

“现在，我真的从囚牢出来了，对吗？但不是哦！”

百睿客又画了一个三角形、一条直线和一个火柴人，然后画了第四个三角形，并一直重复这个过程，直到这张纸上画不下了才住手。

“我算了一下，从我三十岁左右开始，我走这个过程好几千次了。就是在那个年纪，我第一次发现了面对自己的痛——面对自己的人性——非常重要，而每次我都在情绪上有点成长。但我不断发现，自己又回到了监狱的墙内。现在我得承认，每次我这么做，囚牢都会漂亮一点——更宽敞，墙壁色彩更明亮。但每次一出现问题，我会对我感受到的刺激和焦虑起反应，跑到迫害者那里去责备、评判和批评，或跑到拯救者那里去弄明白：为什么问题会存在，我如何搞定问题或让问题消失。最终，我会面对自己的脆弱和不适感，并就此走某种疗愈过程，但如果没有先挣扎一阵子，我是不会这么做的。

“现在回头看，似乎我是在拯救者的角落，在自己身上练习疗愈技巧，并生活在否定当中，否定了这么一个事实：如果我试图去疗愈什么，我就是在试图改变它；如果我试图改变它，我就是在评判它；如果我在评判它，我就是在拒绝它，一点都不接受它。我在假装接受内在的受害者及其弱点、需求、痛、羞愧、内疚和恐惧，但这些都是操控——我只是设法比痛更加精明而已。”有人举手，一只麦克风递了过去。

“疗愈有什么错？如果你生病了，你难道不想好转吗？如果有药能让你好转，那为什么不吃呢？”

当然，它看上去似乎可以治你的病，他想着，但是，也许疾病和治愈两者的存在都是为了强化你的信念，即你并非无限的存在，而是有局限的、脆弱的人，只是一个形而下的存在。但事实上，你是永垂不朽的！

“现在，我们还是回到感觉和情绪成熟度的议题，然后晚点，我们再谈问题的具体呈现，好吗？”他向提问的女人建议，“就像我已经讲的，让一个问题成为问题的要素是不适感，你同意吗？”

“我不知道。”她通过翻译回答，“如果我失去工作，这就是一个问题，无论我对此感觉沮丧还是保持冷静平和。”

“不，如果你冷静平和，那么失去工作只是一个中立的情景而已。”

“但我还得去找另一份工作！”

“好，但我们谈的是两种不同的体验——一种你很焦虑、气馁、愤怒等，另外一种你很平静。我是这么定义‘问题’这个词的：一个似乎超出了你处理能力的情况，而且你在情绪上拒绝的情况。我也可以将‘问题’定义为一个不受欢迎，并被当敌人对待的情况。我是说，一种情况在你看来像是问题，因为它刺激你了，或因为它出现在你生活中让你感到焦虑了。你如何处理它与我无关。我最关心的是沮丧的感觉。这些感觉，我称作幻象——这些都是蒙蔽你的外表，让你看不见真相——关于感觉以及你本来面目的真相。”

“但是冷静平和并没有改变我的情况！我还是失业的！”百睿客看见她眨巴着眼，强忍住泪水，意识到她在谈论自己失去工作的故事。这个叫美智子的学员伸手往下，摸到了地板上的纸巾盒，就在她椅子边上。很快，她用一张白纸捂住脸，并在纸后面擦鼻涕。

“所以我的问题是，你偏向于当成人还是当孩子来处理你的情况呢？相信我，美智子，哪种方式都是完全可以的。这里没有期待。我只是在指出什么是情绪上的成年，至少就我所理解的。”他将注意力转向了班上其他的人，以给美智子一些私密感。

“如果你打算留在囚牢中，那不如待在拯救者的角落。简而言之，拯救者的角落是囚牢中最安全的地点，但安全和自由并不是一回事，拯救者也不是真正成年的表达。最后，拯救者那个角落，无论颜色刷得多亮，它还是受害者囚牢的一部分。”

“囚牢综合征从你拒绝痛苦开始。美智子失去了她的工作，这是一个非常痛苦的经历。你会觉得无用、被排除在外、气馁、不安全，甚至有更深、更痛苦的感觉。她的迫害者可能指责她的老板不公平或她自己不争气——或两者都有，对吗，美智子？”他看向那位年轻的女士，她的脸还在面巾纸后面，不过看得出她点头表示同意了。

“然后她的拯救者就发挥作用了，告诉她马上去找另一份工作，并问父母是否能搬回去住一阵，而她的迫害者批评她不够成熟，不能靠自己来应对这次危机。然后她的受害者发话了，认定她没有能力在目前这份工作上干下去，而拯救者说这不是她的错，而是因为日本经济疲软，然后迫害者会谴责政府，而同时她的拯救者会不断给她各种建议，就这样不断地兜圈子。同时，受害者的声音还是可以在背景中隐隐地听到，就像暴风雨中的微弱声音一样，表达着她的羞愧、内疚、恐惧、痛苦，而她像个孤单失落的小女孩一样苦苦挣扎。”美智子最终崩溃痛哭，她双肘撑在膝盖上，把脸埋在双手中，但是这一次百睿客没有停下来引导她渡过这一切。相反，他指向了白板和上面画的七八个三角形。

“1997年我接触到了这个模型，从那时起，我数千次地练习——去面对我的受害者、拥抱他，并请求我能想到的任何疗愈过程来消融我受的伤，让我自由。每次我走出了这个囚牢，又走进了另外一个稍微好一点的囚牢。

“然后有一天，我走出了囚牢大门并发现……”他在第八个囚牢墙壁之外，又画了一个火柴人，“并没有囚牢。事实是：（1）囚牢是一个信念；（2）生命体验只有两种选项——拒绝或接纳。

“美智子，我知道这对你很难，我知道你有很多痛。我不会给你任何建议，告诉你应该做什么。事实是，你要么接受问题，要么拒绝它。你要么面对并接受自己的痛，要么拒绝它——试图修复、否定、摧毁或逃避痛苦都是拒绝。”

“但我没法接受！接受会给我家丢脸的。”百睿客差点回应说，她在此事上别无选择，但还是转到了别的话题。

“这个部分难以捉摸，美智子。你瞧，问题出现在你生命中是有目的的，而一旦目的实现了，问题就消失了。”

“那它的目的是什么？”

“嗯，我以前常想，问题存在是为了教我一个功课，给我一份礼物，帮我在生命中前进一步，帮我疗愈自己，还有……我不知道——课间休息问一下一郎吧，看他说问题的目的是什么——有超过几十个的目的，他记这些东西比我强。但不管怎样，当我真的从囚牢走出来的时候，我意识到：任何问题的唯一目的是帮我看见真相；这个问题像镜子，反映出关于自身的一个信念，而这个信念是我用来代替缺乏了知的一个谎言。当你拒绝问题的时候，你在激活心智的某些方面，来加强这个信念。当你直面问题，并用自己的觉知穿透问题时，你便启动了揭示真相的过程。”

“我弄糊涂了。”美智子说，“你是在说，如果我对自身有一个更真实的信念，那么我的处境就会变好吗？”

“事实上，我说的是，所有的信念都是谎言。不存在什么‘真实’的信念，甚至关于自身的最美好的信念，也只是受害者囚牢的另一个部分——位于上面的拯救者王国之中。”他指向了一个三角形的左上角，“让我重复说一下，信念或囚牢并没有什么不好。它们是难以置信的精巧设计，给人们带来完整的人类体验。你看任何电视节目——包括新闻——或任何电影、演出，甚至观看工作中发生的任何戏剧或危机，都会发现，人们在表达囚牢的三个不同方面。”他停了片刻，看了看墙上的钟，又看了下学员，琢磨着他现在应该宣布休息，还是让大家再多待会儿。

“所以我想，我对大家说的是，你们在这个工作坊中有两种可能性：你可以接着利用问题，帮你把信念变得更积极、更有爱，以及所谓的更有力量，或者，你也可以意识到你不是形而下的存在，并彻底地从囚牢中走出来。”一郎举起了手。“是的，一郎先生？”

“您提到过什么难以捉摸的部分。”惠子为他翻译出来。

“哦，是的，难以捉摸的部分。我说过一次，一旦问题的目的实现了，问题就会消失。当你在梦中熟睡时，问题的目的是，无论你的信念告诉你问题是什么，你都会依此来处理问题——就像我说的：修正、避免、否认、摧毁问题，或者学会去忍受它。当你从梦中醒来时，问题的目的就是反映出一个信念，如果你接纳、觉知和欣赏，就可以看到这个信念是无条件的爱的乔装，并体验到这份爱。一旦你完全拥抱了信念背后的真相——你也可以说，超越信念、在其之上的真相——就不再需要这个情况作为问题而存在了。”

“那美智子会拿回工作，或另找一份吗？”一郎询问。

“有可能，但如果她为了让问题消失而走过程，可能不会产生想要的结果。我说难以捉摸的原因就在这儿。我刚教的走过程，你们也可以从拯救者的角度来试试看，但我怀疑这样做也许不能让你们走出囚牢。我建议你们走过程就是为了走过程，然后看看会发生什么。”他拿起了一支尖头的记号笔，并在白板的一页新纸上书写着。

接纳

觉知

欣赏

“就我看，这些是过程的要素——你们想怎么练习都行，然后看看会发生什么。”

“但这怎么帮美智子找到工作呢？”一郎坚持不懈地问。

“美智子的剧本在她于母体中受孕的时候就写好了。她注定要体验的每件事，都是那个完美设计的一部分，我们可以称这个设计为‘石川美智子的故事’。问我接下来美智子会发生什么，就像我们俩在看同一部电影，你问我下一幕剧情是什么一样。我不知道会发生什么。只有拯救者才会做出受害者爱听的承诺。”

“但你说了她的问题会消失。”

“是的，但我从来没有说过情景会消失。一般会的，但是没有人真的知道。如果情景确实消失了，也是按她的剧本发生的，不是因为在这个或别的工作坊上进行的神奇的仪式。我建议你们面对问题时，把注意力放在接纳、觉知和欣赏上，就观看会发生什么。就像伟大的哲学家巴尼——那条紫色恐龙说的：在一个虚幻的世界中，任何事都是有可能的！”说到这儿，他宣布休息十五分钟。

第13章 不确定性的自由

很真诚地说“我不知道”，一个人就找到了真正的自由。

——佚名

2009年7月

百睿客在亚洲巡讲了六周，到他结束回家时，他已经失去了上海、广州、北京、台北和东京的主办方。他还担心马来西亚的主办方林朱莉，她要接着把工作坊办下去也会面临巨大困难。他注意到，他在日本与新寿美弥三会面后，自己的焦虑感与日俱增。在与百睿客合作的主办方中，新寿是为数不多的男性，另一独特之处是，他是加拿大之外第一个提出为他主办的人。但是现在，新寿和素仙的感觉类似。接纳、觉知、欣赏和情绪都是值得追求的伟大事情，但是没有市场行销性。

“先生，人们想要追求目标。”新寿通过惠子——他的业务伙伴兼翻译——向百睿客解释，“他们想快乐和富有。”

“但首先要富有，对吧？和平是由他们按照自己的条件来定的吧。”百睿客说道。

“我不懂，先生。”新寿是唯一剩下的还称呼百睿客为先生的日本学员。多年前，他注意到每当他进入教室旁的男厕所时，所有学生都会离开厕所，在外边等到他结束为止。新寿和惠子解释说，日本人高度尊敬老师，学生不愿意去想象老师具有人体排泄的功能。在日本的最初几年，他致力于消除这个烙印，坚持让大家都喊他百睿客。这奏效了，除了新寿还称呼他为“先生”，就是“老师”的意思。“和平是由他们按照自己的条件来定？”

“这是正常的人类思维，新寿先生。”百睿客解释道，“人们想去控制如何才能快乐。你大脑中有个图像，描绘了让你感到满足的必要条件是什么。一般，这个图像并不清晰，也许除了你定义的一两个目标之外。”百睿客与翻译合作已习以为常，说完一句就暂停一下，甚至都没有再注意到这个节奏；甚至好像惠子不在教室一样。“我们大部分人，看到一个情景，会决定这是否与我们的图像吻合——图像说明了我们需要什么才能快乐。如果不吻合，我们会试图改变这个情景或者离开它，并朝着我们理想的境况前进。就像我一个朋友常说的：‘我们持续不断地跑啊跑，直到我们最终到达现在、这里。’”

“这就是我的意思，先生。您在告诉人们，他们应该为已经拥有的感到快乐，但如果是这种情况，他们就不用来工作坊了。”

“新寿先生，我没有告诉人们他们应该做任何事。我只是说，他们自己就是他们一直在寻找的那份快乐。人们总是把目标当作重点，快乐只是次要考虑。我们更感兴趣的是，用我们的想法和信念来控制生活，而不是真正了知关于自身的真相。我一点都没有评判的意思；人类就是这么做的。作为老师，我曾经支持大家去追求快乐。我向他们保证，他们值得拥有生命中想要的一切。但是这么教他们，就转移了他们对事实的注意力，也就是他们已经拥有了他们可能需要的一切。”

“但这么说的证据在哪里呢，先生？您说得太抽象了，而我们日本人是非常实际的。”

“快乐是实际的吗？真相是实际的吗，新寿先生？给人们工具和技巧，并告诉他们自己有力量控制自己的命运，这听起来很棒——人物角色会把这些照单全收！但这不是真的。小我没有真正的力量。一个谎言能有多实际呢？”百睿客停下来，突然意识到他在试图说服新寿和惠子，让他们相信他们似乎还没有体验到的东西。如果他成功了，他只是给了他们另一个信念，他们也许会支持他，但那只是出于对老师的忠诚。他叹了一口气，放弃了要说服他们相信任何事的兴趣，再一次，超脱的平和与温暖环绕着他。

他尝试去操纵他们的想法，似乎是因为他的恐惧——他害怕他们会终止与自己的合作关系，而他在经济上将无法再供养自己的妻子和孩子。他正经历着一分为二的体验：一面是他要控制生活的个人需要，另一面是非个人化的认知——百睿客这个人物角色没有这样做的力量。一方面，他内心感到，他的主办方们，甚至工作本身，都不是他经济安全或丰盛的来源；但在另一方面，百睿客理智的大脑告知他，还是需要钱来付按揭贷款，买食品杂货，而钱总是来自他做的工作。如果你不去挣，钱怎么会到你这里来呢？百睿客保持沉默，在虚无中四处漂游，同时感到他的内在简直被撕碎了。与此同时，新寿和惠子两人在各抒己见，谈论他的工作似乎在走向何方——而这个方向在他们看来是无利可图的。似乎他的整个生命都在崩溃，然而一切都是好的。

在他巨大的恐惧和悲痛之后——或之上，觉知似乎在发光，拥抱超越了理智与理解的一切。正如彼得说的，一个人一无所知，了知时就会知道什么是妙不可言。百睿客不知道他的事情会如何进展，他是否会沦落到身无分文和无家可归的境地，他是否会在本地7-11

超市的柜台后边工作，或是否一袋钱会从天而降，落在他的脚边？有的只是了知……觉知……临在……丰盛！

他在体验信任，并惊叹不已：他之前总是认为，信任应该是他必须去选择的品质，尤其当事态发展对他不利的时候。通过反思，他意识到，他过去所称的“信任”仅仅是一种他和无情攻击自己的怀疑扭打在一起的体验，并希望这些怀疑不要成真。但“茧的信任”就是要面对自己的怀疑，把怀疑视作整个虚幻的信念系统的一部分而接受下来。怀疑看起来如此真实，但觉知允许他去同时体验两种“事实”。信任不是一种选择，也不是摔跤比赛。现在在他看来，信任是一种平和的体验：他见证了人和道在茧中非常明显地双重存在着，而同时，从茧中会诞生什么、是否诞生任何东西，他一无所知。

第二天，飞机在阿拉斯加峡地的上空盘旋着，气流完美地反映了百睿客感觉和情绪上的焦虑不安，但他仍然锚定在觉知的状态。他没有更多的目标了，至少没有主要目标了。他还是想养家，甚至可能在膝头抱一两个孙子孙女，但是，他不再觉得自己必须得做些什么来让这些事情发生。然后他蓦然发现，他觉得很轻松！他不知道拯救者和迫害者的声音是什么时候离开的，但是他突然觉察到，这些声音就算没有完全离开自己的大脑，也减弱了许多。

“我再也没有感到那么煎熬了。”他跟自己的妻子和朋友说，声音中充满了对这个启示的惊奇。玛丽亚下午两点左右从机场接上他，然后直接开车去了彼得和杰茜卡家。百睿客先和凯恩七岁大的孩子安德鲁玩了会儿摔跤，然后又对八岁大的西尔维娅表示同情，她弟弟总是溜入她的房间，把她的毛绒动物玩具给藏起来。之后，百睿客加入了其他三个坐在餐桌旁的成年人，并喝了些茶。他觉得彼得看上去还挺健康，便松了一口气，不过彼得还是掉了一些体重，而且脸看上去很苍白。“似乎我一直在扛着一大麻袋的‘应该’，然后有一天麻袋就消失了。或者只是缩小了一点。”

“我明白你的意思。”玛丽亚同意，“我没有感觉到巨大压力，促使我每天的每分钟都要做些什么有效益或有用的事情。我觉得要放松许多——虽然时不时还会有阵阵内疚的折磨。”

“你真走运！”杰茜卡说，“我总是觉得，我必须履行母亲或妻子的职责。我合计着，彼得是挣钱养家的，我必须做好我分内的事，把家拾掇好，让孩子都乖乖的。连我和彼得出去打高尔夫或散步的时候，我都觉得像逃课的中学生一样。甚至打高尔夫、散步、骑自行车——我做这些事情的时候，都是因为我认为我应该更健康、更有型。”

“更有型！”玛丽亚惊叫道，“杰茜卡，你在生了两个孩子之后，还有十八岁少女的身材呢！”

“我的镜子可不同意你的说法，但你这么说真贴心。”

“不过还是很奇怪，不用总是如此被折磨着、驱使着。”百睿客说。“你呢，彼得？”他注意到他的朋友仍然不舒服地在座位上挪动。

“对我而言，没有更多的为什么了。我甚至不需要知道为什么癌症会发生在我身上。我过去总是想知道世界上每件事情发生的原因。几年之前，如果我发现自己得了癌症，我会打电话找健康专家、治疗师、精神病学家，此外，我还会整天上网冲浪，去找到所有的答案。科学的、医学的、心理学的……我想知道为什么这一切会发生在我身上。”

“那现在呢？”

“现在……”彼得安静地说，“现在，我不知道为什么，我也不在乎了。当你在问‘为什么’的问题时，你只是在请求别人给你讲个故事，希望找到某些线索或解释，让你从问题中解脱出来。有的人自卑，所以他去找咨询师，告诉咨询师这是因为他母亲过去老是批评他的行为。好！那现在他知道原因了，或原因之一，他的自卑治好了吗？或者，比如我发现我的癌症是因为我以前吃了过多的培根，那我现在能摆脱癌症吗？我猜，在人类的历史中，给‘为什么’这个问题找到满意的答案，也许帮了1%的人类——即使如此，也很可能只是侥幸而已。”

“为什么你这么说？”百睿客问道，并试着保持一本正经的表情。

“哦，我知道了，你还是在卖弄你的幽默感。”彼得有些疲惫地说。

“我觉得被冷落了。”杰茜卡插嘴，双臂叉在胸前。

“不要担心，亲爱的。这并没有那么有趣。”彼得向她保证。

“和这个无关——而是你们三个一直在谈论着的。在过去一年，你们好像学会了什么新的语言，我都搞不懂你们在说什么。”她拿面巾纸擦拭着眼睛。

“哦，见鬼，我很抱歉！”百睿客大声说，“我还以为——”但他才说一半就停了下来。

“你以为什么？”杰茜卡想知道后一半。但他能说什么呢？我还以为你也醒来了呢？我还以为你和我们一样呢？当他听到脑袋当中可能做出的回应时，他感到了一种不当，但这种不当不具批判性。有些东西不对劲，他想他可能刚揭露了另一个看似具有高度偏见的信念。

他的思考和行为表现出来的是，好像从梦中醒来比沉睡在某种程度上更好，而同时他确信这根本不是真的。难道，做青少年要比孩子好，但是不如大人吗？这些都是生命的必不可少的阶段，各自具有完美的独特体验。没有一个比另一个更优越，每个都有惊奇的独特体验。

但他还是觉得哪里不对劲——他把杰茜卡当成孩子看待，而他自己应当是进入了青春期。他让自己沉入这份感觉，而不是设法去分析感觉，他发现自己感到内疚。内疚并非表明他做错了什么；相反，这是另一个巧妙的乔装，那个妙不可言的非自我就躲在后面。杰茜卡的话是完美的镜子，向他映射出自己对于分离的信念，而他内疚的幻象又极端逼真，进一步加强了该信念。

“我之前以为你知道我们在说什么。”百睿客承认，“我还是认为你知道。你心中有的和我们心中的一样。”

“这听起来很棒，帕特，但是当我跟你和玛丽亚在一起时，我并没有这样的感觉。而彼得只有在你们身边时才会这样讲话，但这让我感觉更糟——好像他在照顾我，因为我不如你们这些家伙灵性高。”

“我们灵性并不高，杰茜卡。”玛丽亚说，“‘醒觉’这个词我都不喜欢用，因为这可能变成一个精英主义的术语。”

“但你们这些人一辈子都在灵性道路上。你们有老师、上师，可以冥想，还有——”

“我没有，”玛丽亚插话了，“我是受洗的天主教徒，但我的父母从来不强迫我们，所以我都没去过教堂做礼拜。我从来没有参加过任何灵性或宗教组织。不管我发生了什么，都不是因为我练习了任何东西。”

“那为什么我不能醒过来呢？”杰茜卡强烈地要求，并重重地在餐厅地板上跺了一脚。百睿客暗自想，我不知道，我也不关心，他好奇是否彼得和玛丽亚也在想同样的事情。如果他把想的话说出来，很可能杰茜卡听到会觉得很无情，但事实是，杰茜卡到底能否从梦中醒来，跟他一点关系也没有。他欣赏的是：自己的人生体验并不比她逐日的经历更好。这些只是不同的体验。虽然百睿客不愿意回到他之前的催眠状态，但也没有看出，现在的生活在任何方面比之前要更好些。即使跟他们坐在一起的彼得正在迈向死亡，他也没觉得比彼得更为幸运。事实就是如此，他在心里想。在这个觉知中，有如此深沉的平和、快乐和感恩的感觉，他能说的一切——如果他讲得出来的话——就是哇哦！他的沉思被安德鲁和西尔维娅互相尖叫的声响打断。杰茜卡起身帮两个孩子平息了争执，剩下的三个人在那里安静地坐了一会儿。

“在某方面，她是对的。”彼得承认，“有时我认为我比那些还在梦游的人要好。我观察电视上某些夫妻的咨询师，或听人们在无线电台里讨论时事，我发现自己在自鸣得意地嘲笑他们的无知。我的小我还是在激动雀跃，想以醒觉而得到好评。我知道这是我的小我，因为它具有竞争性、评判性，还自以为是，而我很惊诧它仍然能愚弄我——我是说，有的时候，我还是认为它真的存在！”

“也许你只获得了次等的醒觉，”百睿客同他开起玩笑来，“或许你得到的是二手货，不像我这个是崭新的。”

“是啊，你一点竞争性都没有。”彼得讽讽地回应。

“这很有趣，有些事彻底改变了，而有些我认为会转化的事，却一点变化都没有。”玛丽亚插话了，不然他们会开始一连串的讥讽嘲弄，“我以前总认为自己会……我不知道……更神圣或更纯净什么的。也许我认为我会更慈悲或有爱——就像特蕾莎修女或甘地。或许像克里希那穆提，你知道的……非常有纪律、很专注，而且……很智慧，或类似这样的。”

“你是说，你想要开始救济穷人、探望医院里的病人了吗？还有帮助非洲的村庄获得干净的水？”

“是啊，类似这样的事。但在我看来——甚至对你们俩说这个话我都觉得内疚——在我看来，每件事情本自完美。”

“你跟挨饿的非洲孩子讲这个看看。”彼得建议。

“如果我处理非洲饥饿孩童问题的话，我会帮他们想办法吃上饭。我并没有说人们不应该互相帮助。我说的是，我没有感受到成为圣人的召唤，而以前我认为离开催眠归根到底就是成圣。你们两人之前也经常去救济穷人，探访囚犯，为社会做各种义工，但对你们醒觉一点效果都没有。还有我自己，以前我更关心世界，但现在我意识到，那么做是在评判世界是错的，或把世界当成受害者。即使你们在怜悯穷人和受苦受难的人时，你们也是在评判他们。现在，对于世界上的不公正，我感受到的怜悯更少，义愤更少，我越来越接受设计——其原原本本的样子——就是完美的。”

“你跟挨饿的非洲孩子讲这个看看。”彼得重复道。玛丽亚从椅子上爬起来，带着假装的狂怒表情用拳头捶他，彼得防卫性地举起了双手。“求你别打我了，我是个病老头！”玛丽亚心软了，俯下身，安详地在他的额头上印下了一个笑盈盈的吻。

When I Count to Three...

第14章 量子门道

量子物理提示的可能性告诉我们，我们看着的每件事物，也许实际上不在那里……

——威廉·夏特纳

2009年8月—12月

百睿客现在的日子塞满了各种活动。除了去健身房锻炼、遛狗，他在准备即将到来的欧洲之旅——他预定了要去四个国家，他还要确保花时间陪妻子和一双儿女，而且，他现在还有一个生病的朋友需要照看。彼得背部的肿瘤让他很难开车，所以百睿客会带他去赴各种约会，并给他跑跑腿。这包括带安迪[①]去参加足球比赛和练习、去上钢琴课，还有带安迪和西尔维娅去上合气道的课。玛丽亚经常带孩子去公园玩，好让杰茜卡休息一会儿，同时也让她有机会与彼得共度一些特别的时光。

当8月来临时，百睿客动身前往法国、德国、意大利和西班牙，去进行为期五周的工作。他有种感觉，这可能是他最后一次去这些国家工作了——也许是某些，或许是全部的。一般，他每年的8月和12月初都在欧洲，然后4月、5月、10月和11月在亚洲度过。他也会设法将一些北美的工作坊安排进自己的日程。现在他已从中国大陆和台北以及日本东京引退，他的例行年度计划已经开了一个大洞，他肯定这个洞会变得更大。

结果表明他的预测是准确的。在法国和德国的主办方礼貌地请求他回到疗愈、个人成长、显化丰盛和创造幸福关系的旧有风格上，

---

① 译注：安德鲁的昵称。

或让他考虑另请他人来主办。令人惊讶的是，他在西班牙的代理人安东尼奥在比利牛斯山脉滑雪的时候，自动地跳出了催眠状态。而他的意大利主办方露西娅，在他带领的七天培训的第一天，“绊了一下，并跌入了非二元对立”——这是她自己的说法；但是，这个位于罗马郊区的工作坊结束之后，她表达了严重的疑虑，不知如何宣传“像这样的”课程。

“事实情况是，百睿客，人们不需要上工作坊才能从梦中醒来。那么他们为什么还要来呢？”露西娅问他。他们坐在接近罗马市中心的路边咖啡馆里，看着一家家的人穿越狭窄的街道和小巷，进行晚间散步。这是他访问意大利时最喜欢的部分。

“我也不知道，露西娅，我喜欢和那些体验过觉知的人待在一起。当然不是时时刻刻，况且我也肯定不想属于某个封闭式团体——成员都是‘醒觉的非二元对立者’或不管怎么称呼的。但工作坊真的是精彩的体验，无论人们来的原因是什么，而且我有当工作坊教练的技巧。”百睿客停了下来，因为他意识到，他说的没有任何意义，甚至对他自己都没意义。他摇摇头，心中想，天哪，如果我是个管道工而我醒过来了，接着做我的工作会有这么难吗？

“现在我有了这个觉知，”露西娅说，“我连要不要接着做主办方都不清楚。我的意思是，我开始这份工作是因为我想去帮助人们，而且我真的认为这个星球的状态很糟糕，需要拯救、疗愈或诸如此类的措施。但是，我现在不再这么看了。有时候我还会——当我听到恐怖分子在集市搞爆炸时，或非洲独裁者杀害自己的国民时，或当我读到自己的政府有腐败问题时——但这种感觉不会持续。它已经不会像以前那样抓住我不放了，所以现在，我不知道为什么我要接着主办这些工作坊。”

“首先见山是山，见水是水。其次见山不是山，见水不是水。然后又见山还是山，见水还是水。”百睿客微笑着说，“我不了解这第三部分，但我可以告诉你，露西娅，山和水曾经是我风景的一部分，但我现在看不见了。所以我想，我要说的是我理解你的感受。”

安东尼奥，他的西班牙主办方，是最积极地要接着工作的。他不在乎人们并非真的需要老师或工作坊，事实上，他是从发出邀请的角度来看待的。不要因为你需要才来；过来就是找乐子的！而且安东尼奥经济富裕，并不是为了挣钱而主办，就是为了乐趣才做的，所以没看到继续下去有什么障碍。

“但如果没人来呢？”百睿客询问道。

“帕特里西奥[①]，这可是西班牙！”安东尼奥让他放心，“哪怕是公园长凳上新刷的油漆变干这码事，也会有人聚集围观的。人们会来的！”

到这一年结束的时候，百睿客只剩下了四个主办方，而且还没有山或水的迹象。这是自从他和玛丽亚结婚以来，在财务上面临的最严峻的挑战，而火上浇油的是，曼纽尔很快毕业，马上面临选择大学的事，安杰利娜再过一年左右也会毕业择校。百睿客花钱一向不太谨慎，虽然玛丽亚证明了自己有相当好的持家能力，但是美国爆发了次贷危机，他们的理财规划师又不称职，他们的境地岌岌可危。到了2009年12月，他们的信用额度也快山穷水尽了。

彼得的健康持续恶化。医生很惊讶病情发展没有那么快，虽然

① 译注：百睿客·肯尼迪的西班牙语称呼。

这给了彼得一点癌症缓解的希望，但医生并没支持他这么想，而是坚持说在年内的某个时候他就会离开了。不过，医生判断从他的脊柱上移除肿瘤是安全的，但彼得必须自己掏钱。通常，在加拿大实施这种手术都会由全民健康保障计划来支付，但因为病人已经确定会死，肿瘤手术便被视为非必要的服务了。杰茜卡坚持医生动手术，哪怕会有费用，因为肿瘤让彼得越来越痛，而且，她想让孩子们和爸爸共度最后的圣诞节——最好爸爸能全程陪伴他们。2009年11月，彼得动了手术，此后的余生就卧床不起了。

百睿客定期去看望自己的朋友，带去他和彼得最喜欢的电影的DVD、各种棋盘游戏，还有填字游戏，两人一起玩。他已经习惯了彼得虚弱的体格以及一句话说到一半便打盹的趋势，但他刻意不去想，彼得的离开会给他的世界留下什么样的空洞。

即使他最好的朋友身患绝症，自己财务上有压力，工作方面没有头绪，而且他有可能后半辈子一直在空无中飘荡，百睿客还是体验到了平和与快乐，这超越了他任何的想象。他意识到他以前所说的平和其实只是一种宽慰感，是在他经过了困难的挑战，克服了焦虑，或从他的迫害者那折磨人的声音中得到缓刑之后的一种体验。那快乐呢？这是另外一种有条件的体验，前提是他满足了某些需求（至少是部分的），赢得了竞赛，或者，实现目标或完成艰难壮举，而向自己或他人证明了自己的价值。而爱呢？对能让他觉得自己特别的人，爱是稍纵即逝的感激之情，或者，对他认为很特别的人，爱是一种强烈的情感执着。

他所知的平和、快乐和爱现在是恒定的，不依赖于任何的条件。

临在如此恒定，以至于他的人物角色反对这种一致性，认定在这个世界上，有时候让自己开心是不恰当的。你的朋友快要死了，且将留下两个小孩，没有父亲的保护。他的妻子将孤独一人。你没有任何工作的邀约，而你将很快破产。你将如何喂养自己的孩子呢？百睿客注意到，虽然他不再身陷受害者囚牢，但还是留有某些在牢墙之内形成的思维和行为习惯。有时，他甚至在半夜惊醒，急得浑身是汗，并暗想自己是否又回到了囚牢之中。在白天，他的拯救者的声音有时候会冒出来，告诉他如何让工作量增加的主意，而其他时间，它只是在琢磨为什么事情会发展成这样。在其他场合，他的迫害者会偷袭，批评他太固执、太傲慢，毁了自己的家庭，或者折磨他，因为他没有走更多的过程，或没有好好地走过程。他回想起他告诉学员，一旦离开了囚牢，还是有可能有“囚犯习性”，这个回忆似乎在帮助他保持冷静超然。

他没有与这些声音交战，而是如实地接纳它们，认出它们是大脑的产物，或只是欣赏它们持续不懈地自动作用，令人惊奇。他带着敬畏回顾过去，他之前是多么彻底地相信，这些声音在告诉他真相，这些声音很珍贵，能让他坚持走在“道路上”。现在，他把它们视为空虚的声音，“充满喧哗和骚动，却找不到一点意义”[①]。

“亲爱的，你在干吗？”玛丽亚问道，发现他在电脑前的老地方，“今天不玩纸牌游戏了？你现在迷上什么了——色情小说？”

“谁需要网上色情呢？我有一个超棒的色情影院，就在这儿，”他说道，并指着自己的脑袋，“它全天候开放，还是免费的！”

---

① 译注：出自莎士比亚戏剧《麦克白》。

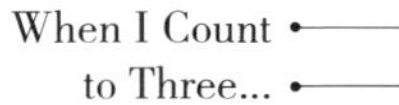

“那你在干吗？”

“其实我在查Monsters网站。就是查一下，看看那儿有没有什么工作，是给一个五十四岁的男人干的。噢，看哪！沃尔玛在招人！”

“这是第一次你在5月没有工作坊。”他的妻子很惊讶地说道。

“我4月在马来西亚的那场还排着呢。他们招生有困难，但他们决心继续办工作坊。我真的很内疚。我一直觉得，是我引起了他们的麻烦。”

“嘿，还有更多金子可挖，”她提醒他，“再说了，他们给你主办一直都有困难。我很惊讶我们一直撑到了现在。”

“嘿，谢谢你投的信任票，亲爱的！”百睿客讥讽地大声说，“噢，看哪，这里有个遛狗人的空缺！这我倒可以做——就是不知道给多少钱。”

“你懂我的意思，百睿客。”她温柔地抚摸他的头发。

“这太奇怪了，当我相信我教的东西时，在我脑海深处总是有怀疑，告诉我工作做得不够好，而且最终我会彻底失败。现在，我可以看透这些信念了，又有个声音告诉我，我当那类的老师有多棒，我应该再回到老套路上！”

“百睿客，你是怎么让自己醒来的？”

“哈？我没有做什么——你知道的。它就是……发生了。”

“那是什么让你认为，你能控制生命中会发生什么呢？你还是认为，你内在有什么答案，而你要做的就是弄明白答案是什么吗？”

“宝贝，我们需要钱。我知道，在一个纸板箱里我们也都能过下去，但这不是我想要的生活方式。”

“我也不想。那里太挤了！瞧，我知道，我的一部分一直希望你别再玩纸牌游戏了，希望你做点什么，让我们摆脱目前的处境。如果你知道我付账单时多么捉襟见肘，你可能心脏病都要发作了。但事实就是如此，百睿客。你努力了一百次，要让你的工作有所起色，但我只看见一次，结果算得上‘成功’。其他的九十九次，你的心血最终都没有回报。以前，你试过在新城市找主办方，你制作了精美的宣传册来推广你的工作，而且成本惊人。你也试着上电视、上本地电台，试着让你的书出版，向杂志投稿描述你工作的精髓……百睿客，你已经如此努力地尝试让事情发生了。”

“喂，事情确实发生了。”他反驳道，“我的书出版了，我也在新城市找到主办方了——”

“你指的是他们找到了你。出版商和电台是主动接触你的。所有你主动找的，都拒绝了你。我们地下室还有五千本精美的宣传册，我们花了那么多钱设计的网站，每月可能就四十的点击量。”

“所以你认为我浪费了很多钱，却一无所获。”百睿客把话挑明了，很惊讶自己感到如此受伤、羞愧和憎恨。还有更多金子可挖。更多该死的金子！

“任何事，都是我同意了，认为我们应该做，你才去做的。”她安慰他，“我的意思是，我们这么多年都忽视了一个功课，无论是在催眠中还是出离催眠之后。在大多数情况下，更可取的做法就是顺其自然。”

“顺流游泳，而不是逆流游泳？”

“根本就不要游。”她建议，“上船，让船带着你走。如果你感觉时不时地想要划船，就去划吧。这不会有任何差别，也不会让你更快去到哪里，因为无处可去！”

“但如果我什么都不做，我会觉得无助的。”百睿客反驳，“而且赤裸裸的……”当他意识到自己在说什么时，他的声音逐渐变弱。感觉无助和赤裸，有什么错吗？什么都不做，有什么错吗？玛丽亚在和他说着什么，但她的声音似乎相当遥远，一种奇怪的感觉笼罩了他，他的大脑完全停止讲话了。就像他突然一下赤裸了，但不是物质方面的——像他没了身体之类的。不过，他还是可以“看见”。他在见证无穷无尽的虚空——呈现在他的面前、周遭，还有内在。有些外形会突然显现，就像无中生有一样。有些形状是几何形的，其他的是人形的，还有一些轮廓不明显，在不断地变形。一转眼，两个外形在他面前闪现，是他的两条狗——卡尔和安娜贝勒的模样；他回到了办公室，两条狗同时想去舔他的脸。

“它们在这儿干吗？”玛丽亚惊叫，“我从没见过它们上楼到这里来！”

“它们只是闯入了全息图。”百睿客惊奇地说道，“我最好带它们出去遛遛，免得它们把屎也拉在全息图里。”玛丽亚和他一起，带着金色的拉布拉多猎犬去了公园，百睿客试图解释他刚才见证了什么。

“我感到像站在门道前，或许是黑洞前，各种东西都从里面冒出来，或钻进去。有形状、建筑物、人们，甚至还有声波！还有想法！还有一堆其他的玩意，就是成形了，然后又消失。就像在看进一个无底洞一样，但也像某种电视屏幕。”

“当你见证这些的时候，感觉如何？”玛丽亚问道，同时扔了一根棍子让狗去追。卡尔首先追上了，但安娜贝勒抢了过去，很快一场拔河大战便上演了。

“我什么都没感觉到——至少我记不清了。我没有身体也没有大脑……我不肯定，是否还有个‘我’。但是对来自黑洞的想法和感觉有一种觉知。就像我在看着万物的源头。我想我看到了量子场！”

“你以前跟我说你看不到量子场。”玛丽亚提醒他。

“也许那只是个信念。反正我不是用眼睛看的。这很奇怪，即使现在我也可以感知……我不知道怎么表达才不会用条条框框限制住它。但我感觉好像每件事都是在当下此刻创造出来的。那边的树——我们不是在昨天看到的，因为没有昨天。关于昨天、前天、大前天等的记忆，都是在当下创造的。我甚至没有说最后那句话。我只是在创造说过这句话的记忆而已。一直都只有当下，我正站在量子门道前，观察过去，也许还有正被创造的未来。我们甚至都不在这个公园里！”

“你在未来看到了什么？”当他们走到狗跟前时，玛丽亚问道。她把棍子从狗嘴里抽出，折成两半，解决了这个纷争。不出所料，当她把两根半截的棍子扔出去后，两条狗都盯住同样的半截，战斗重新打响了。

“我不肯定我看到了——似乎我观察到了一堆无形的能量波或模式，还有闪现的图像，但说真的，这也可能只是我的想象力在戏弄我而已。但我确实记得一件事，至少我是这么想的……”

“什么事？”

“我看着彼得穿过门道，回去了。”

第15章 欺骗的圈子

……如同你心智中，一圈又一圈转动的风车。

——米歇尔·勒格朗

2010年2月

在2月末，玛丽亚盘算了一下他们的财务状况，并建议在晚饭后开一次家庭会议。曼纽尔和安杰利娜得知了迫在眉睫的财务困难之后，表现得惊人成熟，就像往常一样。他们是在麋鹿林大街的这幢房子里出生和成长的，即便如此，他们向父母保证，如果需要搬家，他们不会对此处依恋不舍。一家人围坐在餐桌前，在他和玛丽亚在解释他的工作状况时，百睿客感到为两个孩子自己心都碎了。他的孩子肯定看到了他眼中噙满泪水，所以他们主动从餐桌旁的椅子上站了起来，双手环抱着他，安慰他说家里一定会渡过这段艰难时光的。百睿客抱紧他的两个孩子，好似他在大海正当中即将沉没，他们像救生筏一样突然显现了。当爸爸流完眼泪了，两个孩子又到妈妈那里去，给予她同样的慰藉，引起了玛丽亚类似的反应。百睿客看着两个孩子安慰自己的妻子，感叹自己对这三个人用情之深。他说不清这是爱还是执着，但他知道他根本想都不会想，便愿意牺牲自己的生命来拯救他们。

****

“我就是搞不懂。”晚些时候，百睿客在床上对玛丽亚说，“当我明白时候到了，我应该辞掉在仓库的工作并创立我自己的搬家公司时，一切都称心如意——我在一年之内就赚得盆满钵满。然后当我决定要去上大学成为咨询师时，就有人在一周之内出现，买了我的公司，这样我可以没有任何财务担忧去上课啦。然后我遇到了究主，并获得了启示，这让我最终成为工作坊导师，然后我的工作突飞猛进，连究主都感到惊讶。我生命当中的每个重大改变，似乎都得到了宇宙的全力支持，这让我觉得我做出了正确的决定。为什么我这一次，啥都行不通呢？”

“‘为什么’导致谎言，百睿客。”她睡意蒙胧的声音穿过黑暗传来。玛丽亚喜欢一边和老公说话一边入睡。“事实就是如此。”

“但我看不出这里有任何流动，至少没有钱的流动。我的意思是，我人生的其他部分都很美好，我也看得见事物的完美之处——就算是我以前特别恨的东西也行，但是这次……”

“选择它。”他的妻子说。

“什么？”他问道，但是她陷入了沉睡，留下他去思索最后那句话。他一边想一边闭上眼睛，在被子下调整好睡姿。过了十五分钟，他意识到还要好长时间才能睡着。他又躺了十分钟，然后起床进了办公室，希望玩几轮蜘蛛纸牌游戏后能有睡意。但是首先，他检查了电子邮件，发现在收件箱里有个名字他没能立即辨认出来。

亲爱的老师，我的名字是敏玲，我的英文名字是玛丽莲。您还记得我吗？我是您两年前的学生。我是那个当您一看我我就要哭的学生。哈哈！反正我和一些朋友——他们也是您学生，想邀请您4月来台湾。我们在台北市外有很好的酒店。我们会分担费用，也许还有利润。哈哈。请让我尽快知道，我好预定翻译。我问您的原因是，我就像您教导的那样醒来了，还试着去了其他的工作坊，但还是希望您能回来，这样我可以更加醒觉！哈哈。我知道现在这是我自己的生活了，而不是您的。欢迎来到台湾。

张敏玲（玛丽莲）

这是收件箱中唯一一封这样的信息，但它具有某种特征，百睿客在反复阅读的时候不由得大笑出来。“所以这就是流动。”他轻轻地说道。

到他起程去亚洲前，他的日历上又安排了几场5月的工作坊。在上海、北京和台北，他现在与新的主办方在合作。他们并不是以往意义上他所理解的主办方，而更多的是一个想要上工作坊的个人的集合——他们互相合作，通过口碑来传播关于工作坊的信息。参与学员的数量没有以前那么大，但管理支出也要低些，发起人自己可以免费上课，此外还能略有盈余。他和他的妻子观看着机会出现，并把后勤组织处理好，然后玛丽亚做出了一个奇怪的评论。

“这太不灵性了。”

“你指的什么？”

“我不知道，”她回应道，“但你还记得吗，为了你所认为的灵性使命而接受报酬，你以前总是备受折磨？”

“是啊。”他承认。在过去，百睿客倾向于认为金钱是某种污染。“每当学员质疑我为什么疗愈他人要收那么多钱时，我总得想出某个重大的新时代理论来解释。”

“但你似乎不再担心报酬的事了。”

“嗯，我不再去想它了，如果这是你的意思的话。”

“完全正确。打从我认识你开始，你内在就有这种冲突，你总是试着去否认你的人性的部分——百睿客的那个部分——对于爱和友谊的需要等。还有钱的需要。你一直都努力让自己非常灵性。”

“这是真的，我以前总是认为我的工作应该是随性的。”他承认，“我还是会为自己的工作报酬而感到尴尬，但我现在更多地把这个看成不配得的议题了——还有更多的金子去挖。也许之前，我是试图在灵性纯洁的外衣下，否定自己的不配得感或类似的事情。”

“是啊，我们总是按我们认为应该的方式来行动的。”玛丽亚说，“越来越多地，我发现自己在驾驶座上时，行为中的‘应该’越来越少了。但我不记得这方面做过什么有意识的选择。”

“我也不记得之前跟你这样谈过话。”百睿客笑着说。

“这是因为，我之前总感觉我嫁给了一个又喝酒又骂人，还打牌，还想做爱，但仍然维持着圣人形象的教士。”

“哇哦，你从没告诉我这些。”他惊奇地说道。

“哇哦，你从来没听啊！”她说道，并吻了他，然后离开了房间。

2010年4月

在台北的小会议室中，有三十人左右。他开始以为大约一半的人是首次接触他的工作的，然后却发现许多人其实是多年未见的老学员了。工作坊一开始，他走到白板前，并指着这张白纸。

“这就是你。这代表着妙不可言的你，超越外相、空间、时间和创造的限制。”说了这句话后，他拿了一支记号笔，并在纸的中央画了一个小圆圈，并填满这个圈，直到一个直径约三厘米、看上去像黑洞的东西出现，“无论什么原因，那个妙不可言的你创造了一个发生在虚幻现实——时间和空间中的体验；这样，你本所是的那个道，从这个量子场开始了创造——物理学家说量子场是所有事情创造的来源，你也可以说创世大爆炸也是来自量子场的。”接下来，他用一支紫色的记号笔，画了一个直径十五厘米的圆圈，环绕着量子场。

“你，作为人，来自量子场，最开始有这样的面向，我称其为‘本质’——在来到这个世界伊始，你是那个纯粹、喜悦、天真的存在。这里也是你所有的创造天赋和才华的来源。”百睿客放下了紫色记号笔，又拿起了一支蓝色的，画了一个更大的圆，直径大概三十厘米。

“然后，当你开始假设你的身份并认定自己是一个有着肉体的人时，你开始更多体验到被我称为脆弱的这个领域。”他在内部画了一些蓝色的圈圈，来强调脆弱区，“这个区域涉及你的需求、弱点、恐惧、痛、羞耻和内疚，当你经历生命的最初几年时，你变得更加意识到这些。我们人性的这个要素从来都不是很受欢迎，现在也是如此。我们发现如此虚弱和脆弱威胁到了我们的生存。现在，正是在脆弱中，我们体验到了关于自身的核心信念的形成，一般而言，这些信念主要和我们身体的这个区域有关。”他站在大家面前，双手手掌与地面平行，一只手位于私处的水平，另一只手位于心脏的水平。他示意着自己下面的那只手补充道：“我不知道你们怎么样，但我肯定我在下面这个位置感觉最脆弱。”这让班上冒出咯咯的笑声。“大家肯定注意到了，你们所有那些最痛苦的感觉，都是在身体从心往下的区域感受到的。心碎、失落、失望和气馁通常在你胸膛感受到，而内疚、不配得感、微不足道和无用的感觉更经常地在你们的胃部体验到，而惊恐似乎根植在你的生殖器和肠道区域。”他用一支红色记号笔画了一个更大的圆圈，并在蓝色和红色线条之间写下了防卫、控制和操纵这几个词。

“为了保护你自己，你最初用愤怒来排斥你的弱点、需求和痛，并把你的觉知从你的脆弱引开。你可能注意到每当你愤怒时，你会绷紧肩膀，咬紧牙关，呼吸也会更加紧促。你的喉部紧张，因而讲话的音调被拔高。你们可以把这看成一种试图把觉知带离底部正在发生的事情上。”他环顾一圈，确保每个人都还能跟上。

“在排斥你的脆弱后，你把觉知带到智力层面，学习如何操纵人和环境，以满足自己的需求，而不用真正承认自己对重要性和归属感的需求。正是你的智力让你用理智、合理的方式来管理你的生活，并否认弱点或不适感的存在。”最终，他用绿色记号笔沿着黑色形状的外缘描了一圈。

“贴着这个黑边的绿线代表着你展示给这个世界的面子。当你的面子有效运作时，任何人，即使是你自己的妈，对于你内在发生的一切，也是一头雾水，而你让人看见的只是你想展现给他们的。通常，你想让人看见的是一个值得尊敬和爱的人，希望还是个值得崇拜的人。换言之，你的面子代表一个有归属的、很重要的人。面子始终、一直、总是与社会归属感和重要性相关。”他环顾班级，通过大家脸上的表情来测量他们的理解程度，然后画了一个更大的圈，几乎碰到了纸的边缘。

“最后一个圈代表你在周遭所看到的世界。”他等着一个工作人员在另一个白板上画好圈，并写下中文。

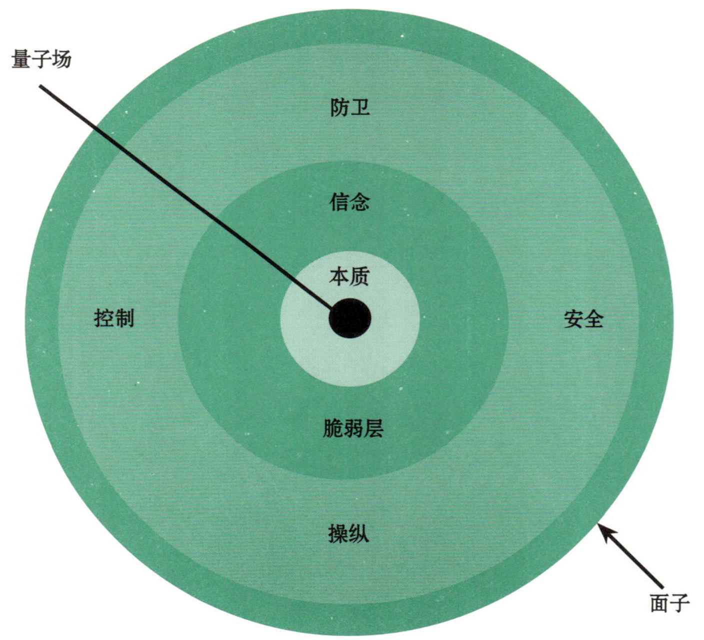

“因此，你继续生活，尽你所能地维持面子和控制，并不断尝试改进你自己，希望有一天你的脆弱或不好的一面会收缩和消失。你在灵性、财务和爱情关系等方面，都专注于使自己是重要的、安全的、有力量的。然后有一天你犯了一个最可怕的错误。有人能猜出来是什么错吗？”

一位年纪稍大的男士举手，想大胆猜一下。“是你结婚了？”房间里的其他男士，还有几位女士笑了出来，并为他的回答鼓掌，而另外几位女士微笑起来，互相看看并点头。

“完全正确！”百睿客向他竖起了两根大拇指，“如果你想远离内在的脆弱，那你最好一个人去修道院住，或者为自己打造一个成功的生意，并住在离群索居的顶层豪华公寓。你要远离任何爱的关系，如婚姻、子女或原生家庭，因为迟早你会开始注意到，每当他们说或做特定事情时，你经常会觉得不舒服。然后你会试着控制他们，并让他们改变行为。越来越多的愤怒会冒出来，很快，你大多数时间都非常难受，当你最终意识到他们不会改变时，你必须要改变自己的防卫和控制策略了。你想把自己从这些情境中孤立出来，避开你的伴侣或父母——甚至避开你的孩子，这变成了正常、标准的运作程序——每当你确实见着他们了，防卫和控制机制就再次启动，然后我们就兜着圈子走啊走。

“的确，如果你有自己的生意，甚至你住在修道院中，也会有问题产生，但在这些情况下，你经常会试着从上面这里来处理每件事。”他指着自己的脑袋顶部，“但如果你想和伴侣、孩子或任何人拥有爱的关系……如果你想和他们亲近，就会受伤。”他讲述了璐曼之死的故事，还有米拉的离去，然后描述了目睹安杰利娜处于昏迷时的痛苦，“当真正的困难或悲剧发生时，人们往往会疑惑为什么生命中要有这么多的痛。我过去常常试着解释为什么，但就算解释得有道理，也无助于这个人来接受自己的脆弱。而接纳是真正的快乐——以及真爱的关键。”他停了一下，从两个白板之间的桌子上拿了一瓶水，喝了一口。

“目前，我们这个工作坊——既作为一个团体，又在个人的层面上——的任务就是穿越这个防卫、控制和操纵的地雷阵，穿越你脆弱的表面黑暗，并接着进入本质，然后超越本质，在那里幻象的迷雾散开，你穿过了量子门道，了知了你的真实面目。大家准备好了吗？”

很明显，他们准备好了，那天马上就进入了走过程环节。这一次，有更多的人似乎准备好了放弃自己的故事，并把注意力放在过程上，而没有期待特定的结果。许多人表达了他们的惊讶，因为防卫机制如此复杂而巧妙，很有效地使他们的注意力偏离了他们人性的核心。百睿客举了一个例子，来印证他们的评论。

“如果你们任何人看过探险片，里面的男主角或女主角穿过了迷宫似的警报、陷阱、地雷、激光束和其他致命武器，只是为了找到那颗大钻石或一罐金子，你就对人类防卫的精巧设计有所了解了。防卫会将你骤然抛入白日梦，诱惑你进入自我分析，使你被无聊的念头分心，引你走入死胡同，而同时，你还认为自己一直在走过程的正轨上。如果你发现，你在和自己的迫害者角斗，或和自己的拯救者辩论，好，这只是另外两种防卫系统用来保护你的方式。这些都是自动运作的，就像那些家庭防盗报警系统，会在外人试图闯入时自动鸣叫。你可以身处异国，对于盗窃企图一无所知，而警铃还是会响起来，保护你的财产。”

第16章

快乐列车

你走的道路只是百万条道路中的一条，因此没有任何一条是所谓特殊的。

——唐望，雅基族巫士

“老师，”第二天工作坊一开始，一个年轻的学员就举起了手，“有没有可能，不用金钱、喝酒或聚会就可以快乐呢？”

“让我猜一下，”百睿客笑起来，“你是大学生，对吧？”

“您怎么知道的？”那个男孩吃惊地问。

“噢，你听起来就和我当年去上大学的时候一样。”

“但有没有可能，时刻都是快乐的呢？”

“这不仅仅是可能的——这也是你存在的自然状态。”百睿客告知他。

“但为什么我现在不快乐呢？我喜欢和朋友在一起开心地玩，但是当我必须学习时，一想到下半辈子要像我父亲那样工作时，我就觉得很痛苦。您快乐吗？”

“‘快乐’这个词对你而言意味着什么？”

“嘿，您知道的！开心啊！感觉很棒，没有什么问题。”这个男孩解释说。

“噢，要是这样的话，”百睿客回答，“不，根据你的定义，我不快乐。”然后他补充说：“但我总是快乐的。我并不总是感觉很棒，而且我生活中也确实有问题，但我总是快乐的。”

“但这讲不通啊！您喜欢酒吗？”

“我热爱酒。”百睿客承认，“尤其是中国的高粱酒。”

“那么您喝酒时，难道不会觉得更快乐吗？”

“不会，我的快乐程度不会变，无论我喝的是酒还是水。”百睿客走到白板前，开始沿着纸的边缘画小方格。在每个方格中，他会写一两个词。

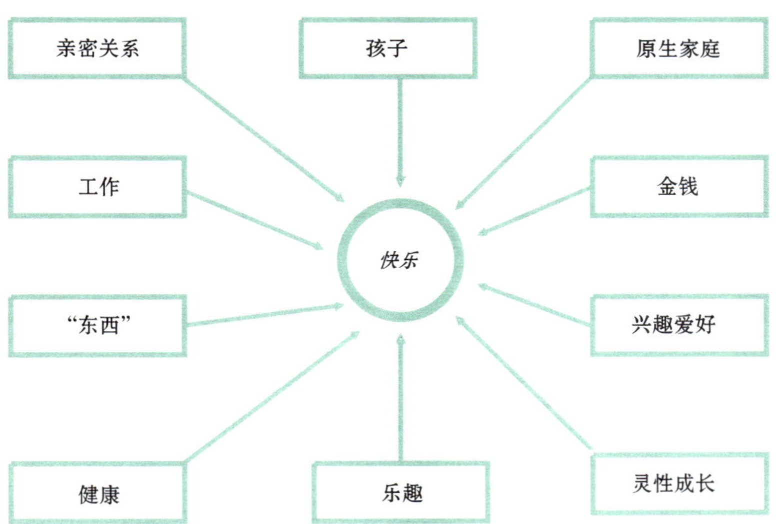

肯尼迪从每个方格画了一条线，拉到位于纸中央的“快乐”这个词。“这些方格代表了你生命的各个领域，你可能为每个领域设置了特定的目标，或有特定的愿望想满足。也许，并非所有的方格都适用于你，但一般人都适用。

“好，我马上要讲的东西可能与一些非常受欢迎的思考方式相违背。当我首次来亚洲时，我只想教新时代哲理——这当时在中国台湾和日本变得非常火。我想帮人们过上更好的生活，这意味着拥有快乐的家庭，有许多钱，还有力量实现自己选择的任何目标。但我已不是当年的我，至少不太像从前的我了。我内在有什么东西，似乎不能配合人类思考的正常流动，而这个东西就是对真正快乐是什么的觉知。所以让我们看看这里某些目标之后的迷失，并看看我们是否能超越它们，看到真相。

“我们从每个人最热衷的话题——金钱开始！现在每个人都知道钱不能买来快乐。我的意思是，我们都说这样的话，而同时我们会绞尽脑汁地想如何能搞到更多的钱，因为我们都这么想：是啊，金钱是不能买来快乐，但是快乐也买不来生活用品啊！如果我都不能让自己或家人吃饱的话，我没法快乐。同样，如果你审视一下你上周做的所有决定，我打赌，你会发现超过90%的决定在某种程度上和金钱有关。如果你结婚了，你知道金钱问题能给婚姻带来巨大的压力，而养育孩子的主要方面都和钱有关。所以即使我们说钱买不来快乐，但如果看上去钱不够的话，我们经常是不快乐的。从逻辑上讲，有更多的钱是会让我们快乐的！所以在我们的头脑中，经济的保障等于快乐。”

百睿客在白板的一张新纸上写下：

金钱=快乐

“除了钱之外，还有一种想法，那就是可以在亲密关系内找到快乐。我一生中花了二十五年的时间，帮助人们获得婚姻幸福，并注意到，配偶的一方认为，对方在某种程度上要为婚姻的不快乐负责，因此配偶也必须为快乐的产生负责。想一下，当人们在寻求那个唯一‘真爱’时，他们在找那个可以让他们永远快乐的人！他们认为特殊性的感觉与快乐的感觉是一样的，因此你配偶的工作就是不断地让你感觉特殊。”

特殊关系=快乐

“我们寻找快乐的另一处，就是我们自己的身体。我们尽量让自己健康、好看。尽管看一下与身体相关的电视广告吧——那些化妆品和服装的广告，它们真正的目的是什么？台湾电视上有个很棒的商业广告，里面有位女郎似乎非常有魅力而且极端快乐。我是不懂中文的，但我可以搞明白，她快乐的唯一原因就是她穿了一个非常好看的胸罩。我想那是个胸罩，不过从她衣服中露了出来，好让别人也看得见，而且广告女郎似乎对她身体的这个部位特别满意，所以我猜她真的是很喜欢她的胸罩，或者她做了一个很成功的胸部手术之类的。”百睿客注意到，有几位女士在自己的椅子上不安地扭动着。哎呀，怕是有些切身体会吧！

“在亚洲、欧洲、加拿大等地，无论我走到哪儿，我都看到成百上千的广告，传递出类似的信息。广告里的男士可能看上去有点普通，而且不快乐，直到他穿上了一条牛仔裤，他的生活就突然一下转变了！当他沿街而行时，女孩子们都会盯着他看，男人们会往下看自己的牛仔裤与他的比较，并且嫉妒他。好快乐啊！

“广告的一切，归根到底与快乐有关。他们不一定会用‘快乐’这个词。他们可能会用‘成功’‘人气’‘吸引力’或其他类似的词，但你想要成功做什么呢？如此你就可以快乐了。广告宣传的每件事，还有人类为自己设定的每个目标——背后都有快乐在。”

健康、迷人的身体=快乐

“然后，还有一个领域是‘人生使命’，这通常涉及的活动有：让世界更美好，把天堂带到人间，拯救这个星球，提升人类的意识状态，等等。许多人孜孜不倦地工作，以期改变整个世界，他们是无法快乐的，直到世界实现和平。人生使命对他人而言，是完成前所未有的重大或伟大的事情。所以一个人的使命可以是为了改善人类整体，也可以是为了实现个人利益。”

完成你的人生使命=快乐

“我一生的大部分时间，都是在开往快乐的那趟列车上。我所有的灵性研究和追求，都是源自那个满怀希望的幻想，那就是，如果我足够灵性，为人类服务，做一个真正正直的人，还要喝好的威士忌，尽量多地做爱，有许多钱，而且，我的孩子都快乐成功，我老婆和我相爱到永远，还有，我们看看……噢！还有我疗愈了我所有的旧的潜意识伤害，成为成功的工作坊导师，还有……嘿！只是列出这些来，就把我累坏了！但无论如何，我相信，如果我实现了所有这些目标，列车将会把我带到目的地，我最终可以永远快乐了。

“但有一天我跳下了——或许摔下了——快乐列车，而我马上就明白了一位男士在我二十岁时对我讲的话。他说：‘百睿客，每个人都认为自己需要点什么才能快乐。事实上，是快乐让你快乐！’”

“但我们怎样才能总是感受到快乐？”教室里那个年轻的大学生问道，语调充满了挫折。

“好，你先从面对‘快乐是种好的感觉’这个信念开始。”

“你是说快乐感觉不好吗？这很荒唐！”

“快乐根本不是一种感觉。无论你感觉好或坏，它都在那里。”

“但我还是愿意感觉好！我只喜欢干让我感觉好的事。”

“那么你就永远无法真正满足。老实说，当你开始追求某物时，通常，你体验到的正好相反。我以前认为，快乐是个有条件的体验。我曾认为，如果我老婆用某种特定方式做事，我就会不开心。如果我的孩子在学校表现很差，或受伤了、生病了，我就会不开心。所以我试图控制自己的世界，并创造出能让我快乐的条件。

“也许，你也如此。也许，你的生命中有一个重大的目标，而你不想听我说这个目标不会让你快乐。我向你保证，这个目标不会让你真正快乐，但也许你只想相信，这个目标对你的生命是至关重要的。也许你只想让你的伴侣改变，你不想听到，即使你的伴侣与现在一样，丝毫不变，你仍然有可能快乐。但我所讲的快乐——真正的快乐——是不依赖于任何事物的；也不需要任何事物。我现在就在感受它，而它也没有要求我给予任何回报——它甚至不在意我是否觉知到了它的存在！”一位学员的手已在空中挥舞了一分钟，所以百睿客停下来让他说话。

“老师，我读了一篇文章，讲的是一群美国科学家在研究快乐。他们找了一个刚中了彩票大奖的男人，然后又找了一个刚出了事故、变得下半身瘫痪的男人。在研究人员看来，很明显那个瘫痪的男人不如那个中奖者快乐，但一年后，他们回访那两个男人，并发现他俩的快乐和满意程度是一样的。这怎么可能呢？”

“这就像我说的，叶东，事实上，快乐、爱、平和与喜悦是不会被条件所束缚的。真正的快乐总是在那里。而且，如果这是真的，那么，‘你就是快乐’也是真的。目标都在未来。快乐在当下此刻。到目前为止，有什么问题吗？”有些手举了起来，问答环节开始了。第一个发言的，是一位五十多岁的男士，也是教室中百睿客素未谋面的少数人之一。

“老师，我是杜仁。我同意您说的。我是个快乐的人，从我年轻时成为佛教徒开始，我就知道人们所追求的乐趣或好的感觉，只是另一种形式的受苦，而真正的快乐一直都在我之内。我的人生中只有一个问题。”

“你的妻子，对吗？”百睿客猜测，他指的是杜仁身旁的女士。

“太对了！”他吃惊地大声说道，许多学员笑了起来，“您是怎么知道的？”

“就是随便猜的。”百睿客不想费劲去解释，他身边的女士是如何通过肢体语言在沟通的。

“她总是不开心。不管我做什么，她永远都不满意。过去几年，我花了更多的时间在寺庙为她的快乐而祈祷，但当我回家时，她还是那样。”

“这让你感觉如何呢？”百睿客询问。

“我为她难过。”

“你在哪里感受到这个悲伤的？”

“您是什么意思？”这位男士看上去有些困惑。

“你说你为她难过，那这个感觉肯定在你身体的某处，对吧？”

“我不懂。”杜仁回答。百睿客转向班级，并用双手比画出了位于他的心和上唇之间的区域。

“在我们身体的这个区域，我们似乎有某种屏障，里面有两股力量。低处的力量愤怒地拒绝情绪，把情绪往下推并压抑住，而高处的力量似乎在通过否认和解离，把我们的注意力向上推到大脑，在那里我们可以意识到运用智力的理性思考。”他又转向那位男士，“那么杜仁，当你说你为妻子难过时，你是真的感受到了吗？”

“当然了！她是我妻子，我关心她。”

“那么，你认为这个感觉在你体内的什么地方呢？我的意思是，你说你感受到了——这意味着什么？意思是感觉在火炉中，而你触碰火炉时就感受到了？”

“不，我在这里感受到的。”杜仁指向自己的心。

“啊，就是这个！”百睿客叹口气，“那这是你的感觉还是你妻子的呢？”

“这是我的，但原因在她。”

“好，当你在心中有这种感觉时，你还快乐吗？”

“不，但当我工作时或在庙里时，我是快乐的，我不觉得难过。”

“所以，当你工作时和在庙里时快乐，但和妻子在一起时不快乐。是不是听起来，你的快乐似乎是有条件的？”

“是的，但如果我的妻子能更快乐，我就会更快乐。”

“正是如此。”他转向大家，“一旦你说‘我不快乐是因为……’，你就是在编故事。人们可以有数百万个不快乐的原因，而每个原因都因人而异。杜仁觉得难过，因为妻子和他在一起不开心，另一个人难过因为母亲过世了，又一个人难过因为她失业了，还有一个人难过，据说是因为他没有女朋友。四个不同的故事，而悲伤的感觉是同一个，一模一样。”

“你怎么知道每个人的悲伤是一样的？”朝黄发话了。

“因为不然的话，当别人在说自己悲伤时，我们就不知道他说的是什么了。我在外头看到的太阳和你看到的是一样的吗？可能你对太阳热度的感觉和我不一样。你们中文有一个词来称呼它，而我叫它‘sun’。你对它的敏感度也许更高或更低，但对我们两人而言，热和光是一样的。只是关于太阳的故事是因人而异的。”

“但我只有和她在一起时才感觉得到！”杜仁坚持道。

“噢，所以你认为这是她的感觉？”

“也许。”这个男人承认，引来大家放声大笑。

“防卫和控制系统难道不是惊人的工具吗？”百睿客对班级讲述着，“下半部分在拒绝并压抑你的脆弱，而上半部分甚至否认脆弱的存在！如果你发觉不舒服，你会在它周围编故事，然后试图改变故事，好让不适感消失！杜仁认为自己难过，不是因为他是人，有人的感觉，而是因为他的妻子不开心。现在，他所要做的一切，就是把他悲伤的妻子变成一个快乐的妻子，然后杜仁自己的悲伤就解决了。”百睿客在一张空白的白板纸上写下：

故事并不重要!

他示意一个工作人员给每位学员发一张纸。人们在生命的某刻，很可能会感到不适和痛苦，这张纸上描述了最常见的体验。

不适感

焦虑	悲伤	愤怒
不配得	被遗弃	嫉妒
心碎	不被爱	孤单
无价值	徒劳	不够格
无用	失落	无望
绝望	无助	无意义
内疚	气馁	失望
尖刻	不重要	无力
羞愧	自我怀疑	惊恐
困惑	凄凉	不顾一切
需索	仇恨	激怒

“我很肯定，这个教室中的每位，都在生命的某些时刻体验到了上面所有的感觉和情绪，不过到了现在，你很可能在大多数的感觉

和情绪以及你的觉知之间建起了屏障。感受这些感觉会让我们的身体觉得痛，因为它们通常在身体中被记录为收缩或刺痛。我们在心中感受到悲伤，在肠道中感受到内疚。恐惧通常在下方，我们的生殖器、肠道或肛门处体验到，但会扩散到我们的全身，似乎连大脑都能被恐惧冻结住。我只是从一般意义上去讲的，和任何科学层面无关。这些感觉不在你的身体里，就像你的心智不在你的大脑中一样。当你观看晚间新闻时，电视屏幕中没有男人或女人——电视仅仅是在接收信号，而信号来自新闻播音员的真正所在地。你在胸口所感受到的悲伤也是信号，来自'感觉之身'，这是一个巨大的能量领域，比你的肉体要大得多。"

"你是怎么知道这些的？"朝黄又一次突然大声说话，百睿客注意到他的面部表情和肢体语言体现了更多的激怒。

"直觉思考。"百睿客承认，"我以这种方式讲述一个故事，以支持大家的特定体验。希望这能帮助大家把注意力放在自己的感觉上，而不是自己的故事上。"

"但是我没有感觉。"杜仁提高了声音，"我只是快乐。"

"噢，我们忘得有多快啊。"百睿客微笑着说，"看看你边上的女人。"杜仁按照老师说的做了，但他没有看自己的妻子，而是转头看向另外一边，在他右侧的年轻女子。当大家的笑声消退时，百睿客对大家侃侃而谈。"关于防卫机制我撒谎了吗？根本无须思考，一切自动运作，通过强迫、痴迷、执迷或上瘾来运作。"他面对着马蹄形座位上的每个人，开始在教室的中间四处走动。"当有受苦、痛和不适感时，我们围绕自己的体验创造出故事，这样做的原因有好几个。一般而言，在人类体验的第一阶段，你的故事包括你的不适感以及你对此的反应，还有你对于不适感为什么存在的合理化解释。这一切都开始于一个假设，就是你所体验到的脆弱性和不适感是错误的。”

“疗愈痛也是故事的一部分吗？”朝黄问道。

“在我的体验中，是的。”

“所以疗愈不是真的？”

“它和故事一样真实。”百睿客回应，并感到自己像站在证人席上，面对着一个非常狡猾的律师。

“那么宽恕又如何呢？”

宽恕。就是它了——这是百睿客一直想避免捅的马蜂窝。不仅仅是宽恕的议题，还有新时代哲理、传统心理学、宗教等领域的所有其他话题……基本上包括人们所保卫的每个信念，甚至用他们的——或你们的——生命来保卫的某些信念！唉，搞什么鬼！他暗想，我承诺了一言不发，除非有人主动提出来。谢谢你，朝黄。

“当我还在当个人全责性工作坊的教练时，我非常积极地教导宽恕理论。这是我想介绍的众多美好的过程之一，好帮助人们接触到自己的感觉或情绪，并体验到疗愈。宽恕的基础很简单：有人伤害了你，而你当时无法处理痛苦，所以你压抑了痛苦，并把它储存在你的潜意识心智中。正是从这个痛苦中，你创造出了关于你自己和这个世界的信念，以及从那时开始你必须做什么才能生存下来的各种信念。这些信念引起了，或至少吸引了，现在拖累你的各种问题。除此之外，对方伤害你的行为可能在你的生命中投下了阴影，到现在还未消散。

“首先让我们这样看：在宽恕之前，我们有评判和指责。有人可能说：‘我的母亲是个坏人，因为她在我的整个童年都在批评我，所以现在我就没有自信了。她不应该这样做的。’好吧，如果你一开始就在指责这条路上，你至少应该找到对的那个人去指责，是吧？所以如果你指责你母亲对待你的方式，她可以转身并指着她的母亲来告诉你：‘嘿，不要说我啊！那是我妈妈对待我的方式！’然后她的母亲可以转身说：‘嘿，这不是我的错；我父亲总是在批评我——他对我比我对你要差多了！’你母亲的外祖父可以说：‘嘿，我已经尽力了，想想我爸妈两人每天都对我又打又骂的！’就这样不断循环。如果我想面对那个真正应该指责的人，我很可能最终站在一棵树下，对某个正准备爬下来开始直立行走的猴子挥舞着拳头。”这幅场景把大家逗得大笑，百睿客再次对她的翻译感到了最深的欣赏——她善用语言恰如其分地传达意思。

“其次，虽然宽恕看起来谦逊而有爱，但它往往来自正当感——这种个性中的高傲特质会利用指责和评判，来保护自己不受自身脆弱性的影响。在这种情况下，宽恕的目的首先是让痛苦和问题走开，让别人来承担责任，然后再采用某些想象的技巧或观想来消融不适感。结果，没有面对信念，没有接受感觉，真相仍然隐藏在灵性成长的伪装下。

“与感觉联结上是有益处的（通常是成为情绪成年人的必要步骤），上演精彩剧目也很有乐趣，但除此之外，宽恕的过程其实真的没有什么。这是因为宽恕这档事并不存在，除了作为信念而存在。”百睿客解释说。

“但根据《奇迹课程》，这并非真的宽恕。”朝黄挑战他，脸上仍带着居高临下的微笑。然后百睿客记起来这个人为自己打造了“宽恕大师”的名声。“宽恕就是疗愈分离的观念。”

“是的，我记得读过这句话。”

“没有痛苦要疗愈，只有对分离的错误信念必须被疗愈。我们就是这样宽恕的。”朝黄结束了发言。

“‘随着我们这么做，”百睿客接着引用，“我们首先在困难中体验到了平和，然后随着我们继续，“我们的罪”或“他们的罪”的表面证据最终消融，我们的世界就朝着天堂的方向，靠得更近一点。’是的，朝黄，我知道这个哲理，而且我对《奇迹课程》没有不好的感觉。但我用‘宽恕’这个词时，是根据人们对这个词的定义来用的。

“就比如我们把这个世界看成一场梦。你可以把它看成一个全息图，宇宙电影布景，你在催眠状态时的幻觉，或者电脑生成的虚拟现象。但是现在，我想用梦的比喻。无论在梦中发生什么，都不是由梦中的任何人或力量引起的。发生的任何事情都是由做梦者造成和掌管的。如果你梦到你的伴侣扇了你耳光，这是你伴侣的错吗？对方只是按照你——做梦者的想象来做的。此外，她只是扇了梦中的‘你’一耳光，而不是那个做梦者的你，所以有什么可宽恕的呢？最后，这些都是梦而已，意味着这些从来都没有真正发生过！

“现在，我知道很可能某些学员有可怕的受害者故事，发生在童年或其他时期。我个人在犹豫要不要讲这个，但你们考虑一下这个可能性——我指向了真相的可能性——对你们只有好处；生命只是一场梦，那个无与伦比的你就是做梦者。个人是否喜欢这场梦，无法改变事实。”

“但这就是《奇迹课程》所教导的！”朝黄坚持道，他因为焦虑不安，嘴角的微笑也变弱了。嗯……肯尼迪心中想着，是用外交手腕还是实话实说呢……

“王先生，确切地说，书上讲了神之子是做梦者，而你是梦。但这真的不是要点。重点是你似乎不太舒服——你愿意就这方面讲讲吗？”

“我不舒服是因为你在批评《奇迹课程》，而且你把你的批评称为真理！”

“我今天有这么做吗？”百睿客迷惑地问道。

“今天，还有上次你在台湾，都是这么做的。我听说你也在批评佛教。”

“老实说，我不记得有这回事，但这是你的故事，这才是重要的。”

“这不是故事！这是我从我的一些学生那里听来的，他们参加过你上次的课程。你一直在说工作坊都是谎言，宽恕和疗愈毫无作用。”虽然王朝黄是带着怒气在说话，但百睿客可以看见他的眼睛眨得很快，似乎在忍着不让泪流下来。按百睿客的性格，他会因为误解而起反应，而且他注意到，他已经厌倦了为自己没做过的事情而被人指控。他缓慢、温和地吸了一口气，注意到胃部有刺激感。这很快变成了喜悦能量的体验。百睿客没有去纠正误解，而是估摸着，让这个男人紧抓自己的故事再久一点可能更好。

“如果这是真的呢？如果疗愈是虚构的呢？”

“这不是真的！我疗愈了很多学生——你也一样！”

“因此我猜你觉得我背叛你了，对吗？”

“对！你以前是我老师，我很信任你。”

“听到人们说的关于我的话，肯定让你心碎了。”朝黄对最后这句话没有任何反应，而是僵硬地坐在椅子上，双臂紧抱胸前，所以百睿客转而对着班级讲话。

“一位男性案主有一天来找我做咨询个案，因为他认为自己的老婆和他最好的朋友有外遇。所以在激烈抗拒了一阵子后，他最终回头面对自己的嫉妒、不配得感、无助，以及他内在的一大堆其他真正痛苦的感觉。他离开办公室时说的最后一件事是，他准备问一下自己的老婆是否真的有外遇。”肯尼迪在这里打住了，只是环视了一下学员和工作人员，直到某人最终问了他在等待着的问题。

“那她是有外遇吗？”

“我不知道。”老师回答，“我再也没有听到过他的消息。”教室里有失望的叹息声，但是百睿客只是往回翻了一张白板纸，并指着顶部的那句话。

故事并不重要！

“世间的每件事都是通过故事体验的，但故事只是为一个虚幻的体验提供了虚幻的背景而已。我从来都没有批评过《奇迹课程》或佛教，但是你的痛苦，朝黄，创造出了一个故事，在故事中我是在批评。但是痛苦是一样的，无论故事是否真实。我案主的妻子是否有外遇并不重要。无论哪种情况，他的嫉妒是一样的嫉妒！

“你梦到什么不重要。当然，有的梦很吓人，而有的令人愉快，有的甚至很无聊，但它们都只是让做梦者去经历的体验而已。你可以哄骗自己，让自己相信，在你称作人生的这场梦中发生的事情很重要，而且梦到自己很重要的感觉也是很酷的，但是这种重要感会逝去，因为这不是无限的，也不是永恒的。”他在白板上写下：

情景

不适感（焦虑、刺激）

故事（整个场景）

故事的关键细节

不适感（被遗弃、不配得、心碎）

过程

释放故事

痛

能量

本质（喜悦、平和、爱……）

量子门道

难以形容的无限

“一个情景，你要么视为问题，要么视为中立的议题。如果你把它看成问题，你会把问题当成故事去探索，好发现问题的起因以及可能的解决办法。你会搜寻解决办法，让故事继续下去，直到一个办法出现，或直到你学会如何应付这个情景。你的故事可能会持续数年，它可能会陷入一个更大的故事与其他的问题。

“有一天你可能发现，自己非常厌倦按老一套来做事情，这个时候，你开始去除你故事中的多余细节，只关注至关重要的：当这个发生时，我感觉……你会注意自己的感觉，这样便开启了真正过程的可能性。故事不再重要，除非是用来帮你关注自己的感觉的，而且你的注意力会自然地移向你体验的中心。

“在这个时点，你可以使用过程工具来取回你真正的力量，或许你的觉知扩展进入了中心，你会感受到平和、爱和喜悦。你可能在那刻觉得完整，或你的注意力被吸引至量子门道，在那里你将面对一切可能的场域。可能到了某个时刻，你消失了，在的是无限临在，但用这样的语言描述是力不从心的。反正，这就是人人都唾手可得的。无须费力、纪律、练习或渴望。”

“你是处在这种体验中吗？”朝黄挑战他。百睿客停下来，闭上眼睛片刻，然后又睁开眼睛。

“跳进来吧！王先生，水很好玩的。”

****

在结束的那天傍晚，百睿客对全班讲了最后一番话。“每个片刻，在真相中，都是完美的。唯一阻碍我们看到这点的，就是我们把自己的不完整投射到了这个片刻，而且这个观念由于我们对不完整的评判而变得牢不可破。所以我们会看向未来，害怕事情会变糟，或希望未来的片刻会更好，并琢磨着，如何才能使那更好的时刻到来，并让它持续下去。如果我们不往前看，我们就在回顾过去，后悔有些片刻本可以更好，或者渴望着重新捕捉看似完美的快乐、爱、激情或和平的时光。

“但真相是，每一刻都像一滴海水。每一滴水都有海洋的浓度，都是海洋的组成部分，而且从每一滴水你都能体验到整个海洋。（百睿客想说其实只有一个片刻而已，但不想让事情复杂化！）我可以说每个片刻都是完美的全息切片，当我去品尝一片的时候，我就是在品尝整个蛋糕。现在，当然我无法把完美切成片段，所以充分觉察到这一刻的经验，便提供了体验到完美的机会，仿佛完美可以存在于分离中。所以，与其试图去改变一个不愉快的场景，我只是接受不适感，并让故事消逝。这便给了我机会，去看到本然的完美。

“感觉的特质是它比思考更安静。感觉甚至比情绪更宁静，情绪是防卫机制对不适感的反应。接受我对痛的拒绝，能帮助我接受痛本身，把我更多地带到当下。随着我的觉知在此刻扩展并变得敏锐，时间和空间的界限显得没那么坚实牢固了。觉知可以超越这些界限，甚至超越当下、临在。现在没有，以前也从来没有对宽恕的真正需求。宽恕是个完全不必要的幻象，但如果你想玩玩看，也是完全可以的。”

****

很多年来，每当玛丽亚从机场接自己的丈夫时，她都会问他："这次情况怎么样？"百睿客就会告诉她自己的评估——依据是学员和主办方的反应。但是这种事没有再发生，因为他已经不愿费心记住别人的反应是什么了。他反正也不再信任自己的记忆，此外，他也不如以前那样关心昨天——或明天了。

"你最近有看自己的电子邮件吗？"她问他，同时她转入了自家的车道，并遥控打开了车库的大门。

"我一直都忘了看。"

"安东尼奥两天前给你写信了。"

"哦，是吗？什么内容？"百睿客预计他会听到他在西班牙的工作坊要取消了。

"他想让你去巴塞罗那和马德里两座城市——他已经排好了两个工作坊。"

"你在开玩笑吧！什么时候？"

"他说由你定，但他希望你能很快过去，所以我已经为你订好了三周之后的机票。"

"为什么这么急？"

"我不知道。他信中说人们围着公园长凳聚集起来了。"

下车

所有的旅程都有相同的秘密目的地，而旅行者却不知情。

——马丁·布伯（节选）

2010年6月

安东尼奥是那种被百睿客称作真正的孔雀型的人。这个四十三岁的西班牙人是个丰富多彩、绚丽耀眼、活泼外向的人。他在不断地结识新的人，要不为了商业目的，要不为了分享最新的极限运动。正因为他充满魅力的个性以及社交技巧，他在整个欧洲和南美成功运作了许多业务，并花了许多时间在他的利尔喷气飞机上。在追求目标方面，他是势不可挡的。

几年前他出现在了意大利的一个工作坊中，百睿客协助他成功地处理了他和他父亲老安东尼奥之间的长期冲突。此后，小安东尼奥决定了他想让百睿客——或按照他的叫法帕特里西奥——成为西班牙最知名的工作坊导师。所以，他要亲眼看看，无法抵抗的力量触碰到了不可撼动的物体时会发生什么——百睿客就是这个物体。肯尼迪对出名有如此强烈的恐惧症，即使是安东尼奥的影响力和关系网也不能让他稍微让步，这是一个两难的境地，但这并没有让安东尼奥退却，反而让他对这个害羞的工作坊导师热情更加高涨。

尽管西班牙当时面临着经济危机，但当百睿客不安地走入巴塞罗那的一个酒店会议室时，那里有七十五名学员之多。他觉得不安是因为之前安东尼奥把他带到一边，解释他作为老师将面对什么样的学员。“帕特里西奥，我们这里是一个相当混合的班级。三分之一的人面临着财务崩溃，三分之一的已经破产了，三分之一的要抢着卖掉自己的股份并搬出西班牙，还有三分之一是虔诚的天主教徒。”

“这是三分之四了。”百睿客告诉他。

“噢，还有三分之一的恨美国人。”

“我是加拿大人。”百睿客提醒他。

“对于西班牙人来说，加拿大人只是更礼貌的美国人而已。”

“你这个浑蛋。”百睿客摇头说道，“你到底弄了一个什么圈套让我钻？”

“别担心，帕特里西奥，我的朋友！”安东尼奥安慰他，拍了一下他的背，把他朝着教室的方向推去，“你有什么可失去的呢？又不是有人会成为老学员！”

“但你跟他们讲了什么才让他们过来的？”百睿客问，并注意到，自己的双脚在抵抗安东尼奥轻柔前推所产生的动力。

“我就是告诉他们，你教的是好东西。你知道，就像《秘密》一样。”

“你一定要给他们退钱了。”肯尼迪惊慌失措，脸色因为震惊而苍白。

“喂，帕特里西奥，你知道我的政策是不退费的。”

“那还这么干，你这个浑蛋！”百睿客又说了一遍，这次是带着感情说的。当他走到房间前面的授课地点时，他的心跳得飞快。他今天要让很多人失望了，而他无法忍受让人失望。他的防卫机制就没有设计出什么武器来对付这一点。他断定自己的系统更多是按照黄鼠狼或者阴沟老鼠的路线设计的，就是可以马上钻到洞穴消失或者以光速从一个对抗的情景扭动而逃的玩意。唉，但目前的这个窘境没有什么洞可以钻。他停了一下，让自己的觉知去拥抱自己的震惊、恐惧和渺小感。在情绪的收缩和颤抖之上，他觉察到了……这个无法用语言来表达，因为这甚至超越了他的想象。他再一次意识到，无论在他周边和内在发生了什么，他都是快乐的。他张开嘴，观察着话语倾泻而出。

“你们有多少人读过关于财富显化或者吸引力法则的书？”房间里的每个人都举手了，“你们有多少人用书中提供的工具获得了100%的成功？100%啊，这意味着每次你使用了显化工具，100%的时间，结果都精确地按照你的预想产生了。”当他补充了第二句话后，本来要举起的手也放下了。

“80%呢？”还没有人举手。“60%？”“40%？”“20%？”听到20%，有几只手犹豫地举了起来，而其中半数还没举到一半。“好，让我这么说吧，你们有多少人体验过你们使用的工具在某种程度上、多多少少地、可能至少一次或两次管用过的？”听到这里，几乎所有的人都举手了，大家如释重负，弥漫着一片安静的轻笑。

“好的，谢谢大家。”百睿客示意他们可以把手放下了。“我读过关于显化的十来本书，我学到的是，显化主要涉及两个关键要素，两者都包括在吸引力法则中。这两个方面就是正面思维和专注而坚定的观想。有没有人在这点上不同意我说的？”很明显没有人不同意，所以他接着讲下去，“让我来问你们这个吧。你们能否想象，如果地心引力运作的稳定性像吸引力法则一样会如何？”这个问题翻译完后，引起了人群中的会心大笑，在笑声消退前，百睿客补充说：“我们都必须拴在地球上，戴着头盔……飞机会飞到外太空去，鱼会在空中游泳……”他等到笑声和交头接耳的声音平息后才接着讲下去。

“和所有这类的模型一样，吸引力法则很少能名副其实，即使是在那些教导法则的人当中也一样。这是另外一个关于道路和导师魅力的例子：如果我告诉你如何成功并给你工具，然后你就要练习使用这些工具或技巧，对吗？如果你使用了工具而什么都没发生，你猜怎么着？这是你的错。因为这是你的错，你必须持续不断地越来越努力地尝试，因为工具是完美的，老师总是对的，所以出问题的肯定是你。”几个人咯咯笑起来。“好，比如说，你不断练习这个技巧或工具，而有一天……它起作用了！！万岁，万岁！我是多么伟大的老师啊！”百睿客趾高气扬地沿着马蹄形座位的内圈走动，同时举起双手做出胜利的姿势，许多人对此报以掌声。

“如果奏效的话，所有的荣誉都归技巧或老师；如果失败了，这都是你的错。伟大的系统，不是吗？同时，无论工具是否真的管用，你在自己身上强化了这些信念——就是你自己是不完整的、不够好的、不够有力量的。”当百睿客讲话时，他仍然沿着双层马蹄形座位的内圈走动，并试着认出哪些是破产的人、哪些是天主教徒等。他的焦虑不知为什么消失了，他感到自己毫不费力地在房间中游走。无论他们对他的话反应如何，他们都在支持他经历茧的过程。然后他注意到大部分学员的肢体语言似乎相当开放，并投入他讲的内容中，于是一个疑团逐渐浮现。他停下脚步，问了所有人一个问题：“有多少人来这个工作坊是为了学习如何显化财富的？”

没有人举手，除了安东尼奥之外，他靠近房间的后端站着，马蹄形的后边，默默地笑弯了腰。被涮了！百睿客这么想着，并冲着安东尼奥欣赏地微笑起来。所以，这不是一帮会动用私刑的暴徒；

这个房间的人都只是单纯地想听老师要讲的话。

“好的，让我重新开始。我的名字是百睿客·肯尼迪，我的工作重点有两个方面：从人类一出生便进入的催眠状态醒觉，并体验情绪上的成年。”然后他讲了自己作为教练的工作。像往常一样，许多学员花了一天的时间才学到，他们其实还有一些感觉是超越基本的愤怒、悲伤和焦虑的情绪的，接着又花了一天的时间来认出这些感觉是什么、在什么地方。当他在情绪成熟度领域引导他们的时候，他也会陈述关于“醒来”的体验，或就此留下一点线索。他不时地会提醒大家，他们并非形而下的，而是无限的存在，正在进行惊人的冒险，尝试有限人类的体验。

百睿客在第四天早上一开始时，问了一个问题：“你们有多少人认为自己是走在一条灵性的道路上？”他很快地数了下，发现班上有90%的人举了手，还有几个举了一半，姿势透露着犹豫。他接着问有多少人会定期修行，比如祈祷、静心、宽恕、唱诵、做瑜伽、慈善捐赠、做义工，或其他任何的“灵性修持”。结果是那些甚至没有声明自己在灵性道路上的人，也在进行着一个或多个的灵性修行。百睿客缓慢、深沉地吸了一口气，又同样缓慢地吐出了一口气，然后对着班级讲话：“当我们开始工作坊的时候，我说了我关注的两个重点是情绪上的成年以及从灵性失忆中醒过来。我们大部分时间都在探索第一个话题，现在我想关注的是第二点。这不意味着批评或贬低你们的任何修行。”当他说最后一句话的时候，他在监测自己的想法和感觉，看看有没有任何评判或“攻击想法”潜伏在那里，等待时机溜进他的沟通当中。

“我把所有的灵性修行看成梯子，或许是楼梯，人们在往上爬着，似乎速度不同、坚持程度有高有低。他们的老师或健在或去世，但无论哪种情况，老师都告诉攀登者应该如何精确地灵修才能到达楼梯的顶端。在每人之内，还有一个迫害者的声音以及一个拯救者的声音，告诉那个人他哪里做得不对，他应该做什么来成为更好的、更纯洁的灵性攀登者。”此时有一个声音告诉百睿客，这些学员并不想听他讲的这些。

“不过，还有一件事是从来没人告诉过你的，那就是楼梯究竟有多长，你要花多长时间才能登顶。现场有几个人很可能认为，他们只要这辈子不断地爬就好了，在死后，他们就会因为自己坚持不懈的攀登而获得回报。现场的其他人认为，死亡仅仅是楼梯间的平台，给攀登者一个机会去暂停并休憩片刻，然后他们会再次出生，并继续他们向上攀登的旅程。但是，”百睿客停顿一下，看进了一些学员的眼睛，然后接着讲，“毕竟没有人知道。”你在一片雾中爬行，坚信自己的信念，希望自己是在正确地修行，但永远都不能确定。

“如果老师能讲得再清楚一点，不是很棒吗？如果他们不仅仅告诉你们做什么，还告诉你们具体得做多久，不是很棒吗？我想听到下面的话，你会很惊喜：如果你每天静坐两小时，你就会在二十三年零四十一天十七小时零六秒开悟！”

“太棒了！”一个学员用西班牙语喊出来，获得了一小片掌声的支持。

“是的，是很棒。”百睿客同意，“但他们不会这么做。他们告诉你具体要做什么，然后给你若干无形的要素让你必须修炼，比如，耐心、信仰、信任、决心、意愿度、关注、奉献、献身……”

“这些品质有什么错吗？”他右边的一个学员问道。

“一点错都没有，”百睿客回应，“我的意思是，这些无形的要素无法量化，所以你永远都不知道你是否做够了。多少宽恕才是足够的？多少次静坐才是足够的？

“所以你持续不断地爬楼梯，想象着有某种终极目的地在等着你，从来都不知道你是否靠得更近了或你还要走多远，而同时，老师和书籍的教导、迫害者和拯救者的折磨，在催逼着你往前进。接着爬！”百睿客停顿一下，喝了一小口水。

“有些人一直爬到死去，那时他们可以发现，自己关于死后的信念是否真实。但有些人一步一步地走，直到突然他们脚落下了，而没有阶梯在那里等他们。”他停了一下，等着不可避免的发问。

“所以，他们是到楼梯顶部了？”一个叫费尔南多的年轻男子猜测。

“楼梯消失了！”另一位年长些的男士说道，百睿客不知道他的名字。

“说到底，是没有楼梯的！”另一个学员插了进来。这次是一位年轻的女士。

“不完全如此，”百睿客回应道，“更像是他们踩空了。也许他们依靠在栏杆上，靠得太狠了；或许就没有栏杆，他们失去了平衡。但不管哪种情况，他们都离开了楼梯，到了天堂。”

“也许这像梯子与滑梯的游戏一样，”费尔南多建议，“也许他们落到了一个方块上，而方块让他们滑了下去，他们必须从下面开始重新爬。”

“谁说他们掉下去了？”百睿客笑着问。

“你的意思是他们就像宇航员一样飘浮在太空中？”

“有可能，”老师同意，“但无论你发生了什么，你都不再爬了，你的整个生命就改变了。

“我可以举的另外一个例子是列车。想象一下，你在乘一趟持续不断往前开的列车。有时车会在站点停下，你看见更多的人上了车，但你从来没看到任何人下车。也许在一节车厢中坐了一会儿后，你决定要去探索这辆列车。所以你起了身，去了下一节车厢，那里的人们欢迎你，并告诉你，你进入了最佳车厢。这是唯一一节会到达目的地的车厢。所有其他的车厢都会脱轨，但如果你能待在列车的这一节中，并做其他每个人都在做的，你就会成为到达目的地的人之一。当你问这节车厢有什么不同时，有人告诉你这是‘宗教车厢’。在这节车厢中待了一会儿后，你开始感觉坐立不安，并决定多逛一下列车。你发现列车的每一节都独具特色，都有特定的哲理为乘客所遵循。每节车厢的乘客都会告诉你，他们的车厢才是最好的，或许是唯一能到达列车目的地的车厢。你参访了‘疗愈’‘科学’‘瑜伽’‘政治’‘心理学’‘静坐’‘宽恕’‘灵性道路’‘吸引力法则’‘素食’等车厢，还有许多其他的车厢。你会不时地遇到其他人，他们也从一节车厢移到下一节，希望自己访问的下一节会是‘真正车厢’。然后有一天，火车到了一个站点，你就径直散步下了车。你看到不远处有山丘，并决定走到山顶。当你登顶时，你向下看着列车，并意识到它一直在一个巨大的圆中绕圈。所以你转过身背对火车，并接着走下去。”百睿客讲完了他的比喻并等着回应，但并未等很长时间。

“这是什么感觉？”一位中年女士用英文问。她的名字是安妮塔，她的微笑是百睿客见过的最妩媚迷人的。

“你是什么意思？”他的回应带着困惑的音调。

“从楼梯上走下来或从列车上下来，感觉是什么样？”

“你为什么问我这个？”

“你说起话来，好像你已经不在楼梯上了，不是吗？”她甜美地说着。百睿客在疑惑，是否西班牙女人全都是生来就有掩饰不住的性感，还是只有来他工作坊的人才这样。

“是的，我想是这样的，”百睿客回答道，然后又补充说，“但是，我不肯定我有合适的语言去描述。也许我可以说，这像从飞机上跳出来，并把一切交给自由落体；你在空中摆荡，打滚翻腾着、飞翔着、滑行着……除了一点，你并没有往下落。但你也没有升起来——或左右跑偏。也许就是像宇航员一样！不管怎样，你在虚空中飘浮的同时，可以看见楼梯还在那里，也许你可以再退回去，并再次开始攀登，但是……你只是不愿意这么做了。有的人可能发觉，信念比‘了知’要更可取，但我自己、我的妻子或我遇到的其他‘宇航员’，都不是这样。”

“我是还在爬通向天堂的楼梯吗？”安妮塔问道，面带微笑，令人陶醉。

“我也不知道。”百睿客承认，“而这也不关我的事，真的。”

“但你不是在教人们如何从灵性失忆中醒过来吗？”另一个学员问道，这是一位年轻男士。

“我不肯定这是可以教的。我是说，我可以给你一点相关信息，但是我不能把你从楼梯上推下去或告诉你‘如何’从楼梯上走下来。在我看来，无论发生什么，都是被我们称作‘人生’的伟大设计的一部分。”

“但是，不是每人都设计好了会让自己从催眠或失忆中醒过来吗？”

“是的，我是这么看的。”百睿客回答，“但是，就算我们全都设计好了会跳出催眠，在我看来，也有很多人会在催眠状态中死去。我的父母似乎一辈子都活在灵性失忆中，我的许多朋友甚至不知道自己是活着的便死去了——至少看起来如此。但谁知道呢？也许在最后的几分钟或几秒，每个人都醒来了。”

“但是，让我一辈子都活在失忆中，似乎太浪费了！”

“这是个很常见的信念。但浪费也是催眠的体验。其实不存在浪费这回事。全息图中的每件事都是设计好，来实现一个功能或目的的。”

“我烦死了你说的东西！”一位与百睿客年纪相仿的男士叫了起来。他愤怒地站起来，接着用英语咆哮着：“我认为，你并没有比我更开悟或者灵性更高。”

“我可以向你绝对保证，我没有。”老师向他确认。

“翻腾、打滚、飞越虚空，还有了知！”这位男士很不屑地重新阐释了百睿客的描述，“爬一个通向天堂的楼梯直到你走下来……这像一个无门之门！你围着门游荡，什么都尝试一遍，但一切都是徒劳的。然后有一天，砰！你就穿越了！没有门……没有我……没有问题或答案。如此而已！但是……怎么弄的？有方式吗？方法？道路？有什么事情是我可以做的吗？或者我只要等就行了？要有耐心。什么都做或什么都不做。臣服……保持意图……祈祷……呼吸……只要记得我们终将一死……就这样吗？我太烦‘我’，这个小我，还有小我无止境的追求和渴望。我究竟得做什么才能让‘我’消失？臣服吗？顺流吗？成为成年人吗？”那位男士停下来，呼吸沉重，盯着百睿客的双眼，充满了怒火。每个人都在安静地等待着，翻译正在努力把这位男士的信息用西班牙语精确地表达出来。

“我向你表达最深和最真诚的歉意。”百睿客向这位男士说，然后看向班级其他的人，“不过我必须告诉你们，你们整个一生都在真正渴望的东西，以及你们一直在追求或试图实现的东西，这两者是截然不同的。当我从催眠中醒来后，我不再对你的这些灵性问题感兴趣了。我也没有渴望要去掉我的小我，或者开悟。当我还在催眠中时，我的问题和挫折与你刚才所表达的是一样的。我在列车上，绝望地寻找那节真正车厢，那一个灵性哲理、修持，或道路——我百分之百确定是绝对正确的那一条。但这并不存在，除了作为一个概念。”这位男士似乎想讲更多，但突然，他似乎怒气顿消，沉重地坐回到椅子上，眼中充满泪水。

“但我想要醒来！”安妮塔激情地大声表白，引来周遭一片笑声和掌声。

“那么，你就是不懂这意味着什么，安妮塔。”百睿客很认真地回应，“人类只想要我们可以想象出来的东西。我们想象开悟是一种持续不断的极乐感与满足感，或诸如此类的——所以我们说想要开悟。而且那个神秘体验，才是人们通常追求的。当我从催眠中一出来，就意识到，这不可能是我曾经想要的东西，而同时我知道，这也是唯一值得要的东西。”

“我不是一个开悟的人。”他向整个班级声明，“我只是对于信念和了知之间的区别是清醒的。我每天都在体验了知，但是我也觉知到所有信念背后的东西，正是这些蒙蔽了我，让我无法获得持续稳定的意识状态。我说的‘醒来’就是这个意思。这是从局限和信念的折磨中解脱出来的自由感，而同时还是面临着终极挑战：恐惧的幻象。”

“那我怎么才能醒来呢？”安妮塔坚持不懈地问。百睿客内在的讨好者感受到了压力，觉得要做些什么让这个客户满意。通常折磨会伴随着追求出现，但这次，折磨比以前要少许多。

“这个问题设计出来，就是为了支持你待在催眠之中的。你所追寻的并没有向你隐藏起来。它此时此刻就在这里。追寻把你带离此刻，并把你指向未来。追寻完全是关于你在某天将找到什么。你所寻求的，在你目光所及之处皆是。你坐着的那把椅子就是无条件的爱在奉献自己。椅子下的地板也是无条件的爱。你呼吸的空气、你穿的衣服、你的身体、你的想法……这些都是无条件的爱，在分离的幻象中，将自己奉献给自己。”当他在讲述时，大家开始自发地闭上眼睛，所以他也开始讲得更缓慢、更轻柔。

“万事万物都从量子场生发，又回归量子场。在真相中，没有量子场。它作为梦的一部分存在——那个连接幻象和事实之间的无门之门——但这只在幻象的那边才成立。在幻象中的万物都是道的表达，都在无条件地奉献自身。虽然有分离的外相，但实有的只是临在，那个无法描述的非自我，在体验如果分离存在，会是何等光景。每件事物都是道，并把自身奉献给道。一切皆空。感受下椅子在为你无条件地付出；地板在支撑着你；空气、墙壁……每件事物都在无条件地奉献自己。

“现在注意你的呼吸，上下起伏的运动，好似你内在有一股生命力。但那里没有，因为你并没有真的在这里。真正的你超越时间和空间，并想象出一个世界，那里的万物似乎都在分离中存在。然后注意到每件事物都是你，以分离作为乔装。没有椅子、没有地板、没有人、没有房间，有的只是你。”

房间中一片寂静，百睿客深深地欣赏从他唇间蹦出的这些直觉的语言。

过了片刻，安妮塔睁开眼睛，班级中其他所有人也睁开了眼睛，就像有某种信号同步出现在每人的大脑中一样。“那我现在醒了吗？”这位女士问道，她灿烂动人的笑容再次出现。为了回答她，百睿客又采用了另一个比喻。

“在爱尔兰，人们有一些古老的故事，讲的是叫作小矮妖的神奇生物。小矮妖体形微小，居住在森林中，几乎难得一睹真容，即使见到也只是年长男性，穿着红色或绿色的斗篷。故事说如果你碰巧看到了小矮妖，你要想法抓住他，因为这样他就必须带你去找他的金罐并送给你。所以许多爱尔兰人都在森林中跋涉过，带着网或绳，希望看到并捉到一个这样的小精灵。当然了，故事没有告诉你的是，首先，小矮妖是不可能抓到的；其次，就算你抓到了，他也不会带你去找他的金子；最后，反正也没有什么金罐存在！”当他说完时，那些懂英文的学员都欣赏地笑了起来，翻译完了后，其他的人也笑了，就像回音一样。

“修持、技巧、盲目跟随一种教导或一位老师，追寻、牺牲——不管做一种还是什么都做，目的是疗愈、开悟，或你怎么叫都行——这就和追捕小矮妖一样。这么做可能乐趣很多，让你一会儿欢欣鼓舞，一会儿备受挫折，这从来都不是浪费时间的；但是到了某一时刻，你发现你生命的这一阶段已经完成，你开始注意到本然。注意力超越了分离的界限。开始，我们留意到在我们之内自动运行的人类系统。只要观察你的思绪，并看它们如何从一点飘到另一点。你可能注意到，你实际上没有在选择任何一个想法，相反，想法来自一个无限循环地播放预设录音的设备，并快速穿越你的大脑。当感觉浮现时，留意感觉而不要陷入自动的提问，比如‘为什么我感觉到这个？’或‘我应该如何处理这个？’。这些感觉也不是你选择的，而是设置到你的人物中的。这和身体的觉受一样，通过留意，你可以看到感觉并非真是你的，而是那个人物的一个部分——你以为自己是这个人物。

“用这种方式，你并没有试图停止心智的运作，而那么多的静心者都在徒劳地尝试，你只是留意而已。随着留意，你注意到，你所观察的正在自动运作，你对此没有选择，因为每个想法、每个行动、每个感觉都是预先设定好的。但是注意力不受自动系统的束缚，可以超越它，触及你们可能称作‘本质’的东西。超越本质，注意力似乎演变为纯粹的觉知。”

“纯粹的觉知感觉如何？”费尔南多问道。百睿客想告诉他，觉知是绝对超越人类感觉的，因为感觉的本性是二元的，但他还想表达，他在意识中体验到了深刻的美妙和敬畏。

“感觉像你就是纯粹的觉知。”他简单地回答。费尔南多的脸失去了一切表情，但是他慢慢地张大了嘴，好一阵才说出来：“哇哦！”

“帕特里西奥，”安妮塔认真地坚持着，“我相信您说的每件事都是真的，但是……”

“你只是相信，是吗？”百睿客逗她。

“我真的在心中感受到了！”她向他保证，“我烦透了我的生活，烦透了想法子修正自己。每次我想总算弄完了，我又发现我其他哪里不对劲了。永远都没个完！请求您帮我从楼梯上走下来！”

“这一句话中有五个信念呢，安妮塔。”百睿客直觉地估计，“而且，如果你的感觉不是真的在心中，而是在你的需求中，信念就有六个。难道你看不出来你说的没有一点是真的，这些全都来自你一直在扮演的角色吗？你是在一个故事中，故事名字就是‘安妮塔的生活’。第1章，安妮塔出生了，并开始和她的身体认同。第2章，安妮塔学会了如何压抑自己的脆弱感。第3章，安妮塔形成了正向态度，以补偿她的恐惧、局限和失去力量的信念。让我们跳到第223章，安妮塔试图疗愈自己。第224章，安妮塔发现了自身越来越多需要疗愈的东西。你明白了吗？”

“明白一点吧。”安妮塔犹豫地承认。

“除了当你在表达或体验你的本质时，你的每个努力和每个行动都是自动的、无意识的尝试，都是为了满足你内在的需求，因为你相信自己与真正的自己正好相反。你的自我概念中包含了一些信念，就是在你之外的某人有你所没有的某些东西，而且那个人可以给你所缺失的。这就是安妮塔的故事——你并非安妮塔。”

“但你是老师啊！”

“所以呢？”

“如果你不能给我什么，我为什么要来你这儿？”

“也许来了，你就能意识到这点了。”百睿客提示道，并注意到自己的膀胱的压力在增大，“你玩乐器吧，玩吗？”

“不玩，但我刚开始学演奏弗拉明科。”安妮塔承认。

“所以你需要找个老师学吧？”

“那当然。”

“但是老师不会给你打一针吉他演奏的药水。”百睿客提醒她，“他不会把血从自己身上抽出来，放到你身体里面。你去老师那儿观看和倾听，并回家练习，你拥有的才华就在你之内苏醒了过来。老师也是一样的。他们没有任何东西是学生所不具备的。学生是无限的存在；老师是无限的存在。学生和老师都在扮演自己的角色，他们在这么做时，就是在无条件地彼此给予。”他想提许多吉他手没有去老师那里，而是自学演奏的，但是他满满的膀胱给他注入了紧迫感。

“但我不知道我是无限的存在！”

“真理就是真理，无论你是否知道。在去老师那里之前，你就是一个吉他手了。老师支持你，让你自己看到这点。在我生命中的这个时候，我在这里是为了支持个人的情绪成长，并欢迎刚进入茧的毛毛虫，也许还能帮助他们理解他们内在正发生的事。安妮塔，事实上你还留在这里，似乎就指出了一个事实——你很可能已经开始吐丝织茧了。这点我并不完全肯定，但迹象似乎就是这么显示的。”百睿客在第三天结束时，跟他们讲了蝴蝶的故事，不厌其烦地描述了茧的状态。但是，当人们感到被人类的局限所束缚时，他们很难想象自己的信念之墙在瓦解，从而展露出一片广阔的新宇宙。

“嗯，我待在这里，是因为你教的对我有意义。我相信你教的——我是说，”她很快更正自己，“你说的话中有些东西，让我感到内在有某种如释重负的感觉，你知道吗？我内在有个声音说：‘终于对了！’”

“那么，你无须再做更多了。每个人的生活都有一种特定的流动，至少在我看来如此。”百睿客说，“当你处在催眠状态时，这个流动带你经历的体验和事件，会支持你留在催眠中。当你快从失忆中醒来时，这个流动带你接触的人、事和地点，会加强醒觉。也许当你从梦中醒来时，会有另一种流动，或许你已成为流动本身……我不知道我在说什么，真的。”他摇了摇头，大家笑起来，但是谈了这么多的流动，他更迫切地感觉要去小便了！他把注意力带回到话题上。

“我的意思是，如果你是在朝茧的方向前进，你生命中的每件事，绝对是每件事，都是支持你朝那个方向走的。你可能突然觉得有灵感要去书店，到了后发现一本书精确地反映了你当前的经历。或者你发现自己去本地商场，只是坐在那里观察每件事在全息图中发生。或者，你可能离开这里，并在催眠中深深地待上一两个月，然后砰的一声，一切在你之内整合起来。什么都预测不到。”

“但是，为什么我就不能选择醒来呢？”

“在过山车上，你有没有见过任何的方向盘或刹车？如果你要设计这种旅程，你会让它尽可能地激动人心，而最兴奋的感觉之一就是失去控制。很可怕，是的，但是此外还有兴奋。所以你规划好了旅程并上了车；你清楚一旦上了车，而且车开始动起来时，你是没有控制的。你在这儿的人生也一样。你，安妮塔，是那趟由你设计出，而且你正在体验的旅程。安妮塔没有控制，而你本所是的道，得以体验幻象——通过恐惧及更多的方面来体验！当你真正地意识到你并非安妮塔的时候，你还是在过山车上经验着跌宕起伏——只是体验有所不同。”

“我决定我现在醒了！”安妮塔突然宣布。

“很好，”百睿客回应，快步朝门走去，“抱歉，我现在必须去上厕所了！大家的休息时间到了！”

第18章 记住你的死亡

死亡啊，你的毒钩在哪里?

——威廉·莎士比亚

2010年11月

几乎正好是两年前的那一天，百睿客·肯尼迪在槟榔屿的酒店房间里跳出了催眠状态。现在，他再一次离开这个岛，赶在回家的路上。他刚完成一个七天的工作坊，并取消了即将在新加坡开始的四天工作坊，因为他得知了彼得的最新状况。彼得坚持了这么长时间，每个人都很惊讶，但在肯尼迪看来，还是太快了。在过去的一年中，他尽可能多地与自己的朋友共度时光。但在之前的几个月中，他还剩下了一点工作，因为工作的日程安排，他在过去的六周不得不一直待在亚洲。

飞机开始在温哥华国际机场降落，标志着他三联程旅行的第二程结束了。他必须在温哥华过海关，然后等两小时，再坐小飞机回到家乡，玛丽亚将笑容满面地在那里迎接他。他很累，在从中转站台北飞往这里的旅程中，睡得也很少。他的注意力似乎分裂了，一边在想生活中没有彼得会怎么样，一边在关注生命本身的奥秘。在他两年的“空无体验”之后，他有了一个洞见——也许，奥秘不是为了被解开。他越来越多地成为体验的管道，也不执着于解释体验。他现在正在空无中航行，从来不期待旅程的结束，并对“空”感到了深沉的、满怀喜悦的欣赏。

在11月初一个凉爽、阴雨的傍晚，玛丽亚在机场接上他，然后直接驱车去了麋鹿角医院。她把百睿客在医院正门放下，然后把车开走了，去找停车位。杰茜卡之前告诉过玛丽亚，彼得似乎在迅速地衰退，任何时候都可能走，所以她想让百睿客尽快见到朋友。百睿客在找彼得的病房的时候，在临终关怀病房的走廊上撞见彼得的妻子，也太巧了，因为他已经走过头了。她在喝从自助餐厅买来的一杯咖啡，并请他也抿一口，他很乐意地接受了。然后她把他带回到病房门口，并告诉他孩子目前在家和外婆在一起，几小时前，他们已经说过了很可能是最后道别的话。她陪他进了病房并站在床尾。“该死！太晚了。”他说道，一边盯着朋友苍白的脸庞——脸上毫无生机。他上次见彼得仅仅是几周之前，但现在看到朋友的整个面貌，百睿客还是没有做好心理准备。这个男人曾经看上去那么粗犷、强健，现在只剩下了一副骨架，像影子一样虚弱，皮肤凹陷；他以前似乎一直都在散发着的生机，已经一去不复返了。

百睿客从右边走到床前，弯下腰，亲吻了彼得的额头。然后他掀起床单，慢慢拉上去罩到朋友的头上，非常轻柔地细语道：“再见了，老朋友。平安走好。”

“去你的。”一个虚弱的声音从床单下传了出来。百睿客很快把床单拉开，故作震惊。

“耶稣啊！你起死回生了！真是奇迹啊！”

“唯一的奇迹是……你被允许繁育后代。”彼得沉默了片刻，似乎在聚集能量，然后再度开口，“没看到心脏监测器？”百睿客当然看到了，监测器仍在显示生命迹象，但他还是忍不住，要在朋友身上搞最后一个恶作剧。

“你知道，设备和技术这些玩意，我不在行的。”

“希望你的基因……在安吉……曼纽尔那儿……隐性的。”

“你知道吗，你给我的扑克之夜造成了严重障碍，”百睿客严厉地告知他，嘴角挂着一丝微笑，“我能赢钱的人又少了一个。”

“就做梦吧……你诈牌的昏着儿让我……买了房子。”彼得虚弱地嘲弄他。百睿客打牌真的很糟糕。他微笑起来，然后把一只手放在彼得瘦骨嶙峋的肩膀上，触感几乎让他战栗。他很吃惊在自己离开的六周内，彼得恶化得如此迅速。

“你怎么样，老兄？”

“还在垂死。你呢？”彼得似乎需要巨大的能量才能讲哪怕几个词。

“差不多吧。”百睿客回答。他在挣扎着要不要问朋友这个问题，他在怀疑为了满足自己的好奇心而问是否有些自私。但他已经拖延很久了，最终他决定试一下，于是很温和地问道：“它感觉如何，彼得？”

“什么，垂死吗？”

“是啊。”

“一直等……你问。”

“迟问总比不问好。”

“它感觉上……”彼得闭起眼，让话语在空中悬了半晌。最终熟悉的微笑又出现了，每当他取笑他的朋友时就会这么笑。“它感觉上……”又是一阵很长的暂停。“它感觉上……”他重复后又暂停，虽然悲伤，但百睿客还是爆笑了出来。

“你这浑蛋，快说！”百睿客催促他。彼得吹出了几口气，这就是他最像样的嗤笑声了。沉默了几秒后，他最终开口了。

“我……有点怕，还有……受伤，要向孩子……还有杰茜卡……说再见。”他又沉寂了一会儿，以集聚更多的力量再努力一次。杰茜卡挪到了床的另外一侧，在百睿客的对面。“但是我……完满了。没有遗憾。”

“那恐惧呢？”百睿客低语，“我能怎么帮你？”

“握住我的手。”百睿客双手握住彼得的左手，杰茜卡握住丈夫的右手。皮肤感觉像纸一样薄，彼得的握手如此微弱，几乎一点都感觉不到。“我爱你，帕特……一直都是。杰茜卡……永远……”水平线出现在监测器上。

“不要离开我！”百睿客听见自己这么说，他的声音撕裂了，感到生命力正在离开他不愿意放开的那只手。玛丽亚走进房间时，正好水平线出现在监测器上，她走到杰茜卡的身边站着。彼得的遗孀倒在了无生机的身体上，安静地啜泣，释放郁结在内的痛。在驱车回家的路上，百睿客坐在副驾驶座上，泪水顺着脸颊滑落。彼得比他自己的亲兄弟还要亲，但是他感到的痛似乎被无尽的欣赏所轻柔地拥抱着。死神啊，他想到，你的毒钩在哪里？

****

这是说再见的完美日子，阳光明媚，对于麋鹿镇的11月而言，天气出乎意料地温暖。百睿客估计，在凯恩家的后院至少有一百号人，他们都穿着便服，外面有保暖的毛衣或薄外套。他的心因为失去儿时的朋友而非常沉重，但他的觉知扩展了，超越了伤痛，但又没有排斥伤痛；他在平和与喜悦中拥抱了当下此刻。曼纽尔、安杰利娜及他们的几个朋友在逗杰茜卡的孩子，而遗孀蜿蜒地穿过人群，接受家人、朋友甚至几个陌生人的慰问以及爱的支持——百睿客觉得这几个陌生人有点面熟。当杰茜卡到了百睿客和玛丽亚这里时，她递给了百睿客一张纸，他马上就打开了。纸上是打字机打出的一首诗，题目为《记住你的死亡》。文字的打印排版显现出了一个瓮的轮廓。

“真美——谁写的？”他读完诗后问道。

“彼得在十七岁时写的，从来没给任何人看，直到我们看完医生后的第二天他才给我。他请我把诗给你，这样你可以读给集会的人听。他希望他走了后你才看，因为他不想让你对他的诗开玩笑。”

“真美，”百睿客再次说，欣赏着诗词展现出来的花瓶的形状，“但庆幸的是他没想把这个刻在墓碑上——要不那得多大一块石头啊。”

“庆幸的是他不想要墓碑，就是这样。”杰茜卡说，“但是我硬逼着他同意火化。他想让我就把他的尸体扔到城市垃圾桶里。”

“你是怎么说的？”

“我告诉他垃圾桶不接受有毒废物。”

“噢，好严酷！”玛丽亚有点畏缩。

“他觉得好笑。”杰茜卡让她放心。

彼得绝对拒绝葬礼的想法，或任何按他的说法涉及“一堆哭泣和凄惨的悼词”的仪式，所以杰茜卡弄来了一个低平台并租了一些音响设备，这样人们可以上去分享关于他们朋友的美好回忆。到现在还没有人回应这份邀请，不过这个活动变得非常温和而轻盈，甚至孩子们都从个人的愁云惨雾中冒了出来，和百睿客谈起彼得是个多么有趣的爸爸。又等了半小时，看没有其他人上台，百睿客决定走到麦克风前。他凝视着那些前来缅怀他最好的朋友的人，并等着他们把注意力投向自己。

“彼得是我最棒的老师之一。我从来都不愿意承认，因为在我的大半生中，我更感兴趣的是坚持我的信念必须是对的，而不是把我的心向真相敞开。但是彼得从来都没有放弃过我。他教我要去质问每件事，不要去盲目跟从一个老师或一个教导，仅仅因为我听到的——或读到的——词句听起来很优美。最重要的，彼得教给了我什么是真正的老师。

“我失去了最好的朋友，但我不会落泪，因为你不可能失去全然欣赏的对象。我爱彼得的真正面目，我惊叹他散发出的无与伦比的气息，我感激他的礼物丰富了我的生命。”

百睿客展开了纸并大声朗读：

记住你的死亡

你在不同世界间游走

即将到来的

已然发生

在点燃之前

火焰已熄灭

记住你的死亡

你终其一生都在沉睡

在光中追逐阴影

梦见自己醒着

所有的都是记忆

即便是你的死亡

结束的时候，百睿客再次看向人群，感觉心都要炸开了，他也说不清涌动的是悲伤还是欣赏——或两者兼具。到他嘴边的唯一的话是：“就像莎士比亚写的：‘世界是一个舞台，所有的男男女女不过是一些演员，他们都有下场的时候，也都有上场的时候。一个人在一生中扮演着好几个角色。’

“在我面前的每个人的生命中，彼得都扮演了一个精彩的角色。现在，在他杰出的演出之后，他最终鞠躬谢幕，留下我们这些人接着表演。”恰好在这个时候，一些人出现在平台的左边，并排成一队走上平台，直到三十个男人、女人、男孩和女孩在百睿客身后排成两行，就像教堂唱诗班一样。这里面除了安杰利娜和曼纽尔，还有杰茜卡的两个孩子——西尔维娅和安德鲁。

九岁的西尔维娅来到百睿客面前，接过他的麦克风，并递给了远远站在前排队伍的一个人。百睿客把这作为离开舞台的提示，他加入了杰茜卡和玛丽亚，站在人群的后端静静等待。百睿客突然认出，拿着麦克风、留大胡子的男人是亨利·杨，是他上“远见培训”课的老同学。亨利的身边是究主的另一个老学员，叫贝弗利什么的。当他顺着这两排人看下去时，他意识到，在他面前的是彼得·凯恩鲜活的历史，每一个人都代表着他生命中的一个篇章或重要经历。最开始的一端是他的童年，由他的兄弟吉米代表，穿过岁月，最后由他的两个孩子结束。在彼得生命旅程的开始和结束之间，有他的高中同学、同事、他的前妻及他们的女儿，甚至还有他在进出口业务领域的两个主要竞争对手。在进出口领域，彼得创建了一个成功的大型企业。

“彼得·凯恩教会了我这是我的生命，并非我的灵性老师的。”亨利说了一句话，然后把麦克递给了贝弗利。

“彼得教会了我这是我的生命，并非我父亲的。”她把麦克风递给了下一个人，那人说了一句话，也顺着队伍传了下去，每个发言人给出的讯息都类似。

“彼得教会了我这是我的生命，不是我老板的……我的生命，不是我上师的……我的生命，不是我老公的……不是我儿子的……不是我母亲的……我的生命……我的生命……我的生命……”当前排的人说完后，他们和身后的那排人交换了位置，然后大家接着表达感恩。最后讲话的四个人是孩子们。百睿客意识到，曼纽尔不再是他的孩子了，而是一个年轻人，他作为父亲，希望能和这个年轻人成为终生好友。他知道安杰利娜很快就要迈入成年了，并意识到，他能给孩子们（包括玛雅，他上次婚姻的第一个女儿，以及璐曼，虽然她已过世）的最佳礼物就是——再也不将他们视为受害者或潜在受害者，无论他们的生命如何转变。他确信，这是他为人父可能面临的最大的挑战了。

“彼得教会我这是我的生命，不是同侪团体的。”曼纽尔宣布。

“彼得教会我这是我的生命，不是社会的。”安杰利娜说道，眼泪顺着脸颊流下，然后把麦克风递给了年轻的安德鲁·凯恩。

“我的爸爸教会我这是我的生命，不是我傻姐姐的。”听众笑了起来，这个八岁的小男孩想拿着麦克风就跑，但是安杰利娜抓住了他，并试图哄着他把麦克风要过来。最终，她采用了贿赂，给了他几枚硬币来交换麦克风。彼得的声音在百睿客的脑袋中骄傲地宣称：

那可是我的儿子！最终，西尔维娅拿到了麦克风。在她独白的时候，百睿客感到自己在倾听地球上最年长、最有智慧的九岁小孩。

“就像在场的所有人一样，我通过我的爸爸彼得·凯恩学习到：当我运用天赋生活时，我最能活出自己的生命。我施展我的天赋，不是为了成为更好的人或者让世界更美好，而是因为天赋帮我记住传承者真正是谁——那个美丽的、无限的……”她停了片刻，抬起眼睛，以想起演讲的后半段，“……无与伦比的存在，那就是我！他留给你们——亲爱的朋友和家人的最后信息是：如果你在生活中做你真正热爱的事，你的天赋和天才本性将光芒闪耀，照在那道桥上，从此处导向奇妙超越的境地。”大家还没来得及鼓掌，惠特尼·休斯顿那美妙、清澈的嗓音从音箱中传出，穿透云霄。

如果我留下来，
我会成为你的羁绊。
所以我离去，但我知道，
我每迈出一步都会想着你。
于是我会永远爱你……

百睿客意识到，玛丽亚挣扎着要扶住杰茜卡，因为个子更高的杰茜卡已瘫入他妻子的怀中。他帮助妻子把杰茜卡放低，躺到草地上，并握住这个悲伤女人的手。此时人们聚集起来，围绕着他们，几乎所有的人都是泪流满面。杰茜卡轻轻地抽泣着，同时玛丽亚用纸巾擦干眼泪。歌曲仍在继续。百睿客在闪念间了解到，杰茜卡和彼得正通过惠特尼的声音对彼此歌唱。

苦涩而甜蜜的回忆，
是我带走的唯一的东西。
再见吧，请不要哭泣。
我们彼此都知道我不是你所需。
而我会永远爱你……

当他看着杰茜卡抽泣时，他的大脑似乎完全停止，他通过内在的眼睛看见，彼得和他的妻子深爱着彼此，全然纯真，似乎他们的本质正在欢乐地共舞。他直觉地感到，这支舞一直在进行中，至少从他们相识以来就开始了，而现在正趋向结束。

我希望生活能善待你。
希望你好梦成真。
祝愿你美满幸福。
更要祝福你找到真爱。

有时在他们的整个婚姻中，那种“本质的联结”会渗透他们肉体的存在，而每当这种情况发生时，他们都会体验到“堕入爱河”的感觉。虽然爱和感恩会持续在她之内闪耀，但令杰茜卡伤心的是，她再也无法在这个肉体层面上，体验与彼得两人本质之间的共舞。这个梦已然结束。

而我会永远爱你

我会永远爱你

我……会永远爱……你

歌曲结束了，整群人都保持沉默，这时安德鲁和西尔维娅来到母亲身边，扑入了她的怀中。虽然百睿客似乎能感觉到他们的啜泣中传达出的悲痛，但他迷失在了生、死以及生死之间的每件事的神奇之中。回忆如潮水般涌入他的大脑，就像万花筒的图像一样不断变换，并将觉知之光弥散开来，成为数不胜数的图像碎片。这里有生曼纽尔时的极度难产，玛丽亚为此撕心裂肺、遍体鳞伤，有璐曼的突然过世，有安杰利娜的昏迷，有他第一个女儿玛雅神秘的阵阵咳嗽——她不得不在半夜大口喘气。他忆起父母出乎意料地离世，紧接着他姐姐生了一对龙凤胎，这双儿女看上去太像百睿客的父母了，让他不由得考虑轮回确实可能存在，有人死亡，有人出生。回忆依然涌入，有的是关于丧生于事故、疾病和自杀的朋友，有的是关于来到世界上的孩子。存在的神秘围绕着他，唯一来到他脑海中的词就是谢谢你。

****

“你说再见，而我说哈啰；哈啰哈啰……”

当他们开车回家的时候，电台在播放这首披头士的老调子，但他还是能听见安杰利娜在后座上抽鼻子。曼纽尔是从洛杉矶赶来参加追悼会的，他透过他那侧的车窗，直直地向外凝视着。他儿子就是这样悄无声息、独自一人应付痛苦的。玛丽亚看起来安静而平和，而百睿客飘浮在空无中，《记住你的死亡》遍及空无，持续回响。

他把狗带出去很快遛了一下，然后把狗送回家，这样就可以在这片街区茂盛的绿地空间中独自漫步了。小路蜿蜒穿过大片的黄杉、银桦、杨梅和雪松。在深夜，穿过一片漆黑行走，就像盲目地在荒野中跋涉一样，所以他待在两侧有路灯的柏油小路上，这条道路是围绕着林区的。

过了一会儿，他来到一条长凳边坐下，拉上了秋季夹克衫的拉链，双臂交叉于胸前，好在凛冽的夜风中尽量保持温度。他在呼气时，观察着水蒸气在他面前形成。他在想，人们对于一个人死后灵魂会发生什么怀有各种各样的信念。有人认为灵魂会在地球上再待些日子，然后离开去下一世。百睿客想象他朋友的精神或本质正在他边上坐着（或盘旋着），端着一杯缥缈的啤酒，幽灵般的脸上露出了浅浅的得意笑容。

“戏剧的最后情节很生动啊。”他大声说，指的是家人和朋友们的致谢、西尔维娅的简短演讲，还有最终那首道别的歌曲。安杰利娜在车中告诉他，是亨利和彼得两人在百睿客在西班牙的时候安排的。“不过你以前也总是有点表演家的模样。”他想象着他的朋友举杯向自己敬酒，一口干了后，打了一个很长很响、幽灵般的嗝。

“所有这些年，你都一直在告诉我要对自己真实，要表达出我的天赋和才华，不用和其他老师比较，而我从来都没有把你当回事。

其他所有人，包括我自己的孩子，都受益于你的智慧，不过，要承认你是对的，我就是无法忍受。或者，也许是我认为自己不足的信念把你挡在了外面。”

什么是信念？他想象着他的朋友在发问，而另外一扎啤酒出现在他的手中。

“信念是真相的替代品。”百睿客大声回答。

真相可以被替代吗？

“嗯，我猜在我大脑中可以吧。”

所有信念的核心是什么？

“恐惧。”百睿客不假思索地回答了。

恐惧的核心是什么？

“我害怕找出来。”

不好笑。

“噢，得了，还是有点好笑的嘛。”百睿客想象自己斜靠在彼得虚幻的身体上，开玩笑地用自己的肘部轻推彼得的身体。

不要弄洒了我的啤酒。恐惧的核心是什么？

“只是……更多的恐惧。”百睿客回答道，突然想要哭泣。他猛地站起身来，接着行走，直到他来到了岔路口。一个方向会带他回到他进入公园的地方，而另外一条是进入树林的泥土路。二十五年前，他拒绝了这条泥土路，并跑着穿越了树林，宣告他渴望淋漓尽致的生活，去惬意大笑，去畅怀痛哭。但那是发生在光天化日之下。现在是二十五年之后，且将近午夜了。当他看着道路所通向的地方时，似乎他正望进自己恐惧的核心。

有传言说，几天前该地区有人目睹了美洲狮出没，当然还有草原狼在夜晚游荡，狩猎走失或迷路的猫狗。百睿客害怕撞见草原狼，万一遇到美洲狮就更可怕了。他还是很惊奇，因为他住的地方离市中心只有二十分钟的车程，但是只要从家里出来，走路十分钟，就可能遇见梅花鹿、美洲狮、草原狼，偶尔有黑熊，有时甚至有很大的鳄龟。（可笑的是，整个麋鹿镇地区却没有什么麋鹿。）

在树林某处，一只猫头鹰在鸣叫。

“一只鸟去寻找鸟笼。”百睿客记起了他的前妻米拉写在一张纸片上的话，这是百睿客在她离开之前发现的。在西藏寺院待了一年后，她回大学读书并拿到了医学学位。现在百睿客在思考，是否他们女儿的死以某种方式让米拉看到了超越幻象的虚空，而且她没有坠落到空无中，反而决定更深地潜入全息图那混凝土般的现实中。百睿客回忆起，他上次看望米拉是十年前，那时她的屋子里还有一间房，里面摆着专门用来纪念他们女儿的小龛。璐曼的照片周围都是纪念品，比如，她的第一双短靴或袜子、她的奶嘴、挤压玩具，甚至还有她干掉的脐带。

一只鸟去寻找鸟笼。

百睿客好奇是否他就是这么做的。他在空无中飘游，寻找他可以依附的某个坚固的东西，一个他可以飞进去的鸟笼，在那里有预料之中的安全。彼得的死，的确让他更觉知到了自己的脆弱感，他一生的好友的离去，让他现在不得不赤裸裸地面对彻底孤独的感觉，这种已经追随了他五十五年的感觉。

他回想起来玛丽亚几个月前说的某事。那时他站着，看着树木、操场，以及更远处街对面的房屋。“选择它。”她在入睡前对他说了这么一句，留下他为财务和工作状况担心不已。选择它。这没有多大意义，可这是一个听起来很不靠谱但感觉很对劲的建议。在他一生中，他通常选择的并非当下在他面前的事物。

慢慢地，百睿客明白了，他自己并非选择者。他重复说“我选择这个”，说了很多次，同时看着他面前的环境，并聚焦于景色的细节。这是真正的超越时刻，百睿客消失了，而无因之因似乎充满了他的身体。每件事都是我的选择。它在这里是因为我的意愿如此。百睿客是我的选择，而他经历的每件事都是我选择让他去经历的。我是。

身体还站在小径的原地，百睿客会突然进入那个身体，觉得头晕，但有清明的感觉，而且他的觉知中带有某些超越理解的东西，然后百睿客就又消失了。双唇会发出声音说“我选择这个”，无论眼睛看见的是什么——青葱的草地、多云的天空、从路灯下飘落的清晰可见的雨、草地上一堆的狗屎、啤酒瓶的碎片、一条公园长凳……超越时间的体验伴随着这句话，被称为百睿客·肯尼迪的人物再度消失。有时有某种客观“见证者”的感觉，而有时又显得梦幻出世。

见山是山，见水是水

见山不是山，见水不是水

见山还是山，见水还是水

在超越空间的空间中，山和水一遍又一遍地出现又消失。在一个有意识的片刻，百睿客悟到这是一直以来让他感觉最接近“家”的事物。一切都很美，因为他就是那美丽。一切都是无条件的爱，在这个被称作“人类生命”的游戏中，无条件的爱在游戏场上将自己献给了自己。在当下，存在遇到了创造。他闭上眼睛，感受着他在过去两年中都意识到的伟大虚空，并大声说：“我选择这个！”

快乐似乎无处不在：不是人类的那种快乐——人们将它和“感觉良好”的体验混淆在一起，而是一种超越了感觉和想法的快乐——一种超越了信念的快乐。当快乐似乎在扩展时，一种模糊的感受浮现——百睿客·肯尼迪这个人，漂浮在海洋的中央，观看越来越多的信念救生艇的碎片在海中消融；一个想法出现——我没有溺水，我正在成为水。这是真正自由的快乐，也是真正快乐的自由。这是爱、敬畏、感恩、平和、喜悦、智慧，以及力量……这是空，他以前却错误地认为这是某种他必须忍受的通道，穿过后才能到达超越境地。但空无，事实上，就是超越的本身。

现在，空揭示自身实为完满，他周围的世界呈现自身即是空虚……一个外观，一座鬼城——里面住着不知自己已然死去的幽灵。恶鬼在不断追求衣食、珠宝和地位，但没有一样能满足无尽的饥饿。动物过着往来奔波、轮转不休的日子。奸诈之神不知疲倦地渴求权力，同时谋求挫败竞争对手，而对方也在等待时机，以在奸诈之神的背后插上一刀。和平之神，在宁静中安坐，快乐无比，浑然不觉自己是彻底停滞的。方方面面的展现，都如此美妙绝伦！整个世界呈现为奇妙的三维虚拟现实，一幅令人叹为观止的全息图，其细节打造得完美无瑕，就是为了创造者来拜访，并全然地参与其中。整个创造就是一件完美的行为艺术！

然后就出现了通向天堂的楼梯——他曾向西班牙学员描述过的楼梯。他观察着一个个人走过，沿着无尽的阶梯向上，有些人在挣扎，而其他人两步并作一步，向前跃进。他往下看，但是楼梯在虚空中逐渐消逝；他抬头向上，想看到顶部，楼梯同样在虚空中消失。

百睿客向后踉跄了几步，此时“自我意识”回归了。在那个片刻，他知道他再也不会被世界的表象完全迷惑住；但他还是会保持恰当的迷惑度，足以让他享受宇宙精心呈现的魔术表演。

向下看，他听到了或想象自己在大脑中听到了彼得的声音。百睿客的脚下躺着一只死掉的大蛾子。

“这是某种讯息吗？”

这是我。

“你是说你离开茧了？”

这没有那么难。

“你说起来挺容易的——你都死了！”百睿客反驳道。他知道彼得已经永久地逝去，但因为某种原因，他需要想象他的朋友还和自己在一起，帮他整理思绪。

你恐惧的核心有什么？

“我告诉过你了——更多的恐惧。”

那个恐惧的核心有什么？

“我投降了。你告诉我吧。”

我该走了。

“等一下！为什么不直接告诉我答案呢？”

再见，百睿客。

“别混账了，就告诉我吧！”但是他没有得到一个恰当的回应。百睿客弯下身子，小心避开蛾子的翅膀，用彼得打字作诗的那张纸把了无生气的棕褐色昆虫铲了起来——它似乎是被冻死的。他把蛾子倒在自己的左掌心，并开始向它吹送自己温暖的气息。过了几分钟，它的翅膀抖动起来，他温柔地再吹了几次气之后，它扑扇着飞出了他的手，朝着附近路灯的灯光飞去——这路灯照亮了公园的步道。

没有什么是它看上去那样的。即便是恐惧。

“我还以为你走了。”

只是想说最后一件事。

“什么事？”

“百睿客，”彼得的声音听起来有些像那个著名的美国演员亨弗莱·鲍嘉，“看起来，这一段美丽的友谊就此结束了！”再一次，百睿客感到失落兼欣赏的泪水从他眼中涌出，顺着脸颊流下。他欣然接受了彼得离开的定局，只是简单说了一句“谢谢你”。

十分钟之后，百睿客还是站在公园的岔路口。他在思索一个观点：当一个人来到生命之路的岔路口时，他到达的不是一个做决定的点，而是一个臣服或接纳的点。面临任何两难境地时，没有对的或错的选择；有的只是一个等待以及留意的机会。岔路口是一个美妙的机会，你可以仅仅躺下，在真正信任的静谧之中休憩。

百睿客无须就自己的工作做任何决定，基本上因为他绝对无法控制什么会降临。他只知道，虽然他并非疯狂地热爱公开演说，他还是会接着教学。这是他的艺术，是他本质的清晰表达。他会施展自己的天赋，正如西尔维娅所说，不是为了成为更好的人或者让世界更美好，而是这样做能帮他记住传承者到底是谁——他真正所是的那个妙不可言的存在！所以，他不再担心是否有足够多的学生，或者是否有人想邀请他去教课。他只是等待。

在午夜即将来临之际，百睿客叹了一口气，这口气表达了神奇的敬畏、无条件的爱，以及非个人化的感恩，然后他沿着小径走下去，进入树林的幽暗之中，以及超越它的虚空之中。

我是

从不微笑的喜悦

不显关怀的爱意

从未被亵渎的平和

并不存在的力量

未曾描画出的美丽

无人目睹过的亮光

从未染污的智慧

从未存在的那位

我是

（全书完）

感谢的话

英慧、金池以及所有全心全意支持我通过许多非常困难的人生通道的朋友和家人。

我无法将您的名字一一列出，但您知道对您的感激一直存在于我的内心中。

谢谢德芬对出版这本书倾力相助。

感谢吴玲翻译这本书。她将一个很难的话题生活化，让人容易理解。

谢谢博集编辑小雨、她的团队以及素梅，他们投入了不懈的编辑时间，共同赋予了这本书奇特的生命。

——克里斯多福·孟

以下为克里斯多福·孟作品的读者和他的学员的分享，不属于正文，左附裁切线，可直接裁下。

——编者注

我眼中的克老师

从几年前成为老师的学生，到现在为老师做课堂与新书的翻译，我始终受益匪浅。

他外表可能平凡，但是内在的智慧和慈悲却如香醇的老酒一样，越品越有味道。他亦师亦友，对任何人都有一颗平等心。无论你问出什么样的问题，他总是能回到超越二元对立的高度上。他的诚实、质朴和幽默经常引起大家温馨的微笑。他从来不说自己没有实际体验过的方法，并以自身多年的经验，与大家分享如何超越一切信念的束缚、真正认识自己的本来面目。他恒常处于喜乐之中，无论顺逆都保持着强大的觉知。虽然老师没有涉及任何宗教，但在我心目中，他就是一位大禅师，时刻内观内省，并不断提醒大家外在一切都是内在的镜映而已。

在翻译老师新书的过程中，我多次落泪。尤其是主人公在朋友垂危之际，与朋友的对白是那么真实——虽有离别的伤痛，但也有无惧死亡的玩笑，更多是对真理的探寻。在面对死亡的终极恐惧下，各种人物都获得了真实的成长。虽然书中的故事情节不一定是老师实际生活的完全翻版，但是字里行间流露出的精神却是克老师所独有的。只要一想起老师，心立即柔软起来。

——吴玲

这就是重新发现自我的笔记

我是越来越胆大了。中午吃饭的时候，我凑过去坐在克老师的旁边，还对他说：“每次在课堂里谈到性的话题之后，课间跳舞的时候我就会放开许多。”老克淡淡笑说OK。天知道我为什么要跟他说这个，但长久以来我观察到的就是这样，自己都觉得好玩。基本上每一次上课当中，如果有哪个话题让我走了过程，下课后回到生活中，那个话题对我就是一个巨大的突破，无一例外。

有时候跟老克聊天会觉得他记性好像不太好。一小时之前跟他说的话，比如说去哪里吃饭什么的，他记不太清是谁跟他说的，让人觉得在他面前就是一团模糊的影像而已。但在课堂上焦点絮絮叨叨提到的任何一点小细节他都记得无比清晰，那些暗藏的线索被他一一揪出来无处可逃。焦点一点点的动作、表情和语音语调在克老师的眼里都有特殊的声音，在诉说着焦点自己都不知道的信念。

克老师有种安静的品质，就算他在课间“动次达次”狂野的音乐里跳舞，我都能感觉到他内心的安静。基本上，上课的学员进门的时候，他就已经知道每个人的状况是什么样的了，不过，他就只是安静地处于当下，完全没有想要去拯救别人的意思。不管来的是培训界内的大咖还是懵懂的学生，不管面对的是评判还是崇拜，始终如一。

和克老师结缘是在2012年，当年看过他写的那本《亲密关系：通往灵魂的桥梁》后，冲动地做了以前从来不敢想的事：去找他的工作坊上课。像我这种宅的人，类似打开微信看了朋友发来的信息，默默在心中回复的这种，居然一个人跑去广东上那巨贵的课。四天的课一开始还在分析：这个是家排的手法吧？那个好像是萨提亚的冰山原理？……再之后，完全没有办法用头脑了，每天莫名其妙哭得好累、好爽，笔记密密麻麻记了一本，上面都是之前没有听说过的理念、模型。每天都在怀疑和感动之中度过，一会儿觉得他讲得太对了，一会儿又觉得真的是这样吗？像是坐过山车一样爬坡、俯冲、旋转、升降，第一次感受到超越头脑的东西，冲击得我只觉得像得了脑震荡一般。后来才明白，当时的我被新旧两种模式拉扯，震荡是难免的。

之后的我从课堂上消失了一年，结结实实地把克老师教的东西运用了一年。我从没想到主动去用，但生活就是这样给人机会来检验：之前学过N种系统、方法，但在那最困难的时期，能用上的只有克老师的走过程。后知后觉的我现在才明白，很多的系统和方法都是用头脑来解决问题，但那些真正重大的危机是没有办法用头脑去解决的。而走过程恰恰就是跳脱头脑解决问题的方法。我以为我是很偶然地遇到了克老师，但老克说没有什么是偶然发生的，人生的剧本早已写好。

2013年起，我每隔几个月就见克老师一次，每次都被他的睿智、敏锐和慈悲折服。他还是如此诚实，从不把自己当成一个老师，只如实地分享他的体验。偶尔一次会听他向焦点道歉，说他对焦点还有一点点的评判，任何滑过他小我头脑的声音都不放过，从不维持他大师的形象，低调而平实。在他面前没有被俯视的感觉，只有被懂得的感动。每感动一次就觉得自己上了一级台阶，所谓天平低沉的那一端向上向上，慢慢地与这个世界平等，原来遥不可及的权威人物像泄了气的充气人偶，唬人的把式也不灵了，那些渺小的感觉一点点消失，世界成了新世界，我也成了另一个我。

有幸提前看到了克老师新书的内容，书里写的太熟悉了，大部分是上课时克老师讲的内容。课上听来的理所应当，但得来都是那么多的自我颠覆、挣扎，全面推翻自己原来所学所教，这得需要多大的勇气？更何况还得靠授课来生活！了知了真相就没有恐惧了吧？我虽然做不到这点，但始终有个真理的声音在心底，始终有个克老师在眼前，迷雾中他指引方向，我爬过泥泞，走过荆棘，每一步所言非虚，我常常感动莫名，为被幻象蒙蔽的自己，也为从不催促从不评判我的克老师。在他重新发现自我的同时，也让我们重新发现了我们的自我。真正的人生导师是彼此的老师、镜子和玩伴，

克里斯多福·孟，他做到了。

——蒋颖琦

终于走出了受害者囚牢

今生能够邂逅克里斯多福老师，是我认为的人生最精彩的一段旅途。

克老师的谦卑、智慧与爱，总会让我在很短的时间之内，在阴暗的迷雾中找到方向。

还记得可爱的妻子跟我说，如果我们今生没有遇到克老师，那我们一定以离婚收场。离婚收场不要紧，重要的是我们很难在感情的路上披荆斩棘，穿越重重考验，学习成长。正是因为老师在课上所教导的、传递的爱，才让我跟妻子穿越了一个又一个黑暗的隧道。

在与妻子交往的前两年，我们感觉心心相印，且互相有着庞大的吸引力。我们周围几乎所有的人都非常羡慕我们，甚至有些朋友把我们叫作神仙伴侣。但是随着时间的推移，我们开始进入可怕的“权利斗争”，争吵也就无处不在。我们两个人都是如此在乎对方，也因为在乎，我们感受到前所未有的痛苦。经常因习惯性地害怕感受这种痛苦，我们选择互相攻击、指责、批判，于是最初那个完美的爱侣消失了，不只如此，彼此还认为对方是全世界最糟糕的浑蛋，为什么那个人变得如此浑蛋呢？我们酝酿了一大堆想去改变对方、掌控对方的方法，但是最后所有的方法都让两个人只是把彼此推开，把爱推开，并没有得到真正的快乐与喜悦。

现在，我经常想起克老师说的，我的伴侣不是我的敌人，我的伴侣是完美的，关系是完美的，伴侣是为我来的，伴侣的所有的行为，都完美地反映了我的信念。伴侣不是我快乐的泉源，伴侣也不是我痛苦的来源，我的伴侣的价值只可能被我低估而不可能被高估；我们有那些不舒服的感觉永远是在跟伴侣交往之前，要改变的，不是伴侣，而是要去接受内在早有的伤痛……

愤怒不是力量而是防卫，受害者只是一个梦。

当醒过来，与所有人的关系，都变成一个美丽的邂逅。

这些话语，有如航行在惊涛骇浪的大海，看到了岸上的灯塔，让我们在互相怪罪当中，放下防卫，真实地呈现彼此的脆弱，也连接起内在无条件的爱。

多少次，两个人在争吵之后，抱头痛哭。多少次，我们在防卫之后，选择了臣服，跟对方说抱歉。多少次，原本以为跟伴侣有不一样的想法，如南辕北辙，最后看到的却是跟对方同样的伤痛。多少次，我们绝望之后，又看到了爱的希望跟光明。因此，我们如此珍惜伴侣。

对关系、对这个世界有了全新的认识，多了一分“接纳”“觉知”“欣赏”。

——海洋

活出自己生命的本质

2010年，春，他向我走来。那时，是克老师在武汉举办的500人演讲大会。第一次这么近距离靠近克老师，他带着少年般的纯净气息，同时又那么温暖、亲切。我还主动拥抱了他，那暖暖的感觉融化了我。

2012年，春，我向他走近。早早在春节前就买好机票，这是我与生命的一次约定。这是我鼓励自己勇敢诚实地去面对关系、探索生命大智慧。

他有着月亮一样深邃、宁静、和平、温暖而有爱的眼神。他的微笑，淡然、喜悦、天真、平安，时而像孩子，时而像兄长，时而像父亲。和他相处，他给予“我”最大的允许、接纳和欣赏。

做他的学生，似乎在他身上，找不到“老师”的痕迹。是他让我明白，所有的不接纳，只是关于过往的“我”基于已知信念的评断。而在我心中，这些慢慢累积、固化的标准，无形中令我对周遭的世界有了这样那样的设定与距离。他让我明白，我一次次地陷入

"两难"的纠结之中，其实真相是——我害怕选择之后面对"痛"。为了逃避面对"痛"，我把自己卡在"两难"之间。

六年来，除了在课程中感受、领悟克老师分享的智慧，更能在生活中看到他真正地活出那份纯真、简单、自在、喜悦。深入地学习与体验，让我更加有力量如实如是面对生活中的种种"问题"，特别是那些最能刺激到我内心深处非常"痛"的问题。迈出这一步，一定是"我"准备好了。曾几何时，我怎么能让你们轻易看到我的脆弱？！我试图掩饰"痛"、埋藏"痛"、忽视"痛"，然后，迎着太阳的方向前行。可是"痛"一直在，我们依然在背着它行走。与其隐藏，不如"面对"。看见这个痛的背后是什么礼物！在我生命遇到最大挑战与危机的时候，也是克老师用他的爱与智慧陪伴并引领我走出"黑暗的隧道"，成就了我在热爱的教育事业与艺术创作上活出自己生命本质的天赋！

他从不要求学生只以"他"为师者；他创造更多机会让人们进入感觉的核心去体验生命；他引领人们看穿问题的本质，不再执着于解决层出不穷的问题；他的表达中几乎没有评判，引发团体中立、中性、中正、敞开、不偏不倚；他鼓励人们成为自己，在"道"的顺流之中体验生命的完美设计！

大道至简，我们不因追求什么而快乐，我们与生俱来就是快乐的纯能量，在每个人物角色中去体验……去体验那个存在和力量！

一份真正的内明，越来越清晰。在觉知的扩展之中，自己内在的情绪自然成熟、长大，真正以成年人的方式面对生活，有力量地在生活中创造！

——海芸

遇见生命的真相

2007年春节过后不久，朋友说在广州有一场亲密关系工作坊的课程，老师是来自加拿大的知名心灵导师。当时正经历着一场撕心裂肺的亲密关系，我没在课堂中学习到如何改善关系（关系是改善不了的），但那两天的课程开启了我生命的新旅程，我开始了一段寻找自我、发现自我的旅程。

当时我还经营着一家私营企业，二十多年的商场经历，赢得社会给予的很多光环，可内心一次次地发出疑问，这是我这一生奋斗的目标吗？内心一次次提醒我，这不是我要的，也不是我追求的终极目标！那么，我问自己，我要什么呢？不知道。我很迷茫，职场让我身心疲惫，离婚后相处了几年的亲密关系冲突不断，一直相依为命的儿子远赴英国求学，原生家庭父母姐妹关系疏远。孤独、恐惧几乎把我淹没，感觉自己在这个世上除了会挣几个钱，其他什么都不会，不被爱，不被理解，毫无价值，生命就这样被推进了一个被遗弃的深渊，毫无力量挣扎。这两天的亲密关系课程让我看见了曙光，我知道了，什么才是我要的生活，我要活出自己想要的样子！于是便开始了跟随克老师一年多间断式总计近四十多天的生命教练训练。

这期间我穿越了人生的第一个黑暗隧道（灵魂暗夜），他帮我点燃心中的那盏已经被我遗忘多年的灯，在伙伴们的守护里初成长，第一次真切地感受到“当生命要你成长时……”。从此，我不再恐惧困难、问题的出现，“面对感受，接纳，并欣赏存在的一切所呈现的”是面对问题最好的法宝。

克里斯多福·孟——我的生命导师（以下称克老师）。认识克老师不知不觉已经十个年头，他帮助我（从一位只长年纪不长智慧白活了四十多年的女性——自己内心的独白）走上了觉知觉醒之道，如今我过上自由、自在、富足、关系和谐的日子，我享受每个当下的日子。我的生命中有很多恩人和天使出现，而克老师是我最欣赏敬重的生命导师。他是很地道的、很纯粹的导师，无论在他的生活中还是在课堂上，都是全然合一的，就像一位和蔼可亲的邻家哥哥。他的教学幽默风趣，他有很精准的洞察力，上他的课从来没有被教导的感觉，他在爱里纯然地分享，用他三十多年的教学经验、用积累的点点滴滴和我们互动。听他的课，会不知不觉地放下防卫，穿过情绪层面看见生命的脆弱，触动内心最深处的柔软，借由他的指

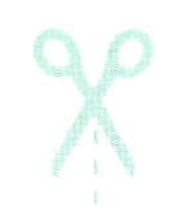

引瞥见生命的真相——爱的本质。

我很庆幸可以遇到克老师，让自己少受很多来自情绪的困扰，让我的生命旅程少走很多弯路，尤其在处理关系上变得更加轻松自如。摒除情绪的困扰，过上家庭、亲子关系和谐，两性关系、社会关系和谐平衡的人生。

走向自我成长觉醒的道是我余生热爱的事。

——刘绮梅

情绪成熟才是成长的关键

“如果在开悟和情绪成熟中做选择的话，我选择情绪成熟”，在2011年遇见克老师时，这句话像一颗炸弹，炸飞了我所有的幻想。

原来我追求的所谓的完美都不是真实的，我所坚信的也都不是真的，那一刻我全身如电流穿过，从此我不再追求神秘体验，放下执着的修为，和这个不太起眼的老头学习好好面对自己内在的信念，照顾好自己的痛，因为你所有的不开心都与他人无关，而是与自己内在的信念有关，如果你坚信我不够好是真的，而去拼命地证明自己的价值，直到耗尽了、烧干了还是感觉不够好，就会不断被不快乐的感觉折磨。

在连续六年的近二十次重复学习中，从最初陷在情绪里痛哭和呐喊，所有的恐惧像加入了发酵剂不断膨胀，无数次想逃离，但每一次看见老师坚定而又温和的眼神，我又再一次回到教室面对不舒服，勇敢穿越层层防卫，体验到和平和无条件的爱。

每一个刺激都是成长蜕变的机会，每一个过程都是生命的恩典。

——刘娅莉

找回你自己的力量

那一年，我是一个在亲子关系中迷失的青春期孩子的单亲妈妈，面对因迷恋网络辍学在家的孩子一筹莫展。同时，我刚刚结束了一份从事了二十年的职业，在刚刚进入的新事业中遭遇重创，不知何去何从。当时我真的不知道命运为何要如此苛待我。直到遇见克里斯多福·孟老师，我才恍然大悟，我的生命原来是有如此不可思议的设计，原来如此厚爱于我。

老师给我的最初印象，是最不像大师的大师，他允许一切如其所是，没有分别，没有评判，没有建议，一度让我这个急于找寻答案的人感到更加迷失。

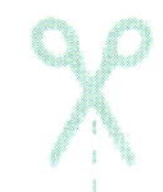

但是，克老师他就只是在他的中心分享亲密关系的智慧，一点点的温暖，一点点的慈爱，全然的接纳，全然的允许，以及那些足以令人醍醐灌顶的智慧，也全是润物无声地流淌出来。我的心被慢慢打开，随之打开的，还有我内在的生命智慧。

曾经的我，那样迷茫，那样恐惧，那样较劲，那样挣扎，而现在，就如同一滴水，终于滴落大海，瞬间就消融了，我感到前所未有地安全、宁静、平和、信任、自由。我真的从一个对生命充满了怀疑和恐惧的人蜕变成一个活在当下顺流淡然自在的生命，也因而从一个曾经那么迷失的人成长为一个受到很多人信任和喜爱的人。

克老师真的就是那样一盏温柔而微明的蜡烛，帮助每一个与他结缘的生命醒来。他不耀眼，是因为他知道每一个人本身就是光，他要做的就是让我们每个人自己的光芒亮起来，而不仅仅是跟随他的光芒。他不明亮，是因为我们每一个人内在都本具足，他不需要照亮任何人，而是帮助我们认出真正的自己。他不会让你因为跟随他学习，而丧失自己的判断和力量，相反，他让你经由他的分享找回你自己的力量。这是我从克老师身上解读到的，也是经验到的，同时学习到的。

——邵歆然

困境不再是敌人

我是职场奋斗的“伤兵”，大约七年前因为过劳，得了心动过速——心脏每分钟大约跳170多次。也就是这时候，在我休养身体期间，去了克老师的课堂。

也巧合得神奇，那时克老师的《找回你的生命礼物》在中国热销，当我看完书，作者的工作坊就即将在杭州举办。

从那时到现在，他的陪伴，带我穿越了人生几个“铁门槛”：

1. 穿越死亡的恐惧；

2. 穿越与伴侣的关系（或者说，如何正念去面质感情的部分）；

3. 穿越生意大笔损失的境遇；

4. 面对失去朋友、孩子（2015年我又失去了一个小宝宝）；

5. 今年，我又穿越“大龄产妇”的体验，经验早产、阵痛等。

尤其在一次工作坊课程中，克老师分享他如何穿越一次肾结石病痛的体验，令我印象特别深刻。我是个对疼痛有着特别恐惧的人，而克老师的分享让我受到鼓舞，他说那次痛使他的觉知和意识在病痛中显露，让他不再受困于痛的限制。当时听完他的分

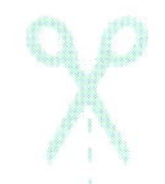

享，我又相信又急切，因为我不知道自己怎么可以走到他的那个位置。

而就在2015年，我失去了腹中的宝宝，在医院我坐立不安，像等法官判刑一样等着一个老专家的处理（检查报告说孩子先天有问题，如果生下也可能残疾）。那时，我尽力平静，去感觉内心很多的“不平静”，就在一刹那，一个喜悦浮了出来。我的“痛苦感”不再是主人，就像阴天下雨时，天空的本质却不会被掩埋。“我的本质一样”，不会因为“遭遇”而改变。我的喜悦和生命本质瞬间显示了主人的位置。中午我选择和陪伴我的好友去吃了“庆祝的午餐”。我相信，只有通过面对痛苦、面对失去，才有更多的勇气让我迎接美好！

我不再只倾听头脑中干扰的声音，开始放松和感知内心的声音，甚至开始体会克老师分享的“顺流”。不去与生命的困境“抗争”，而是尽量与“害怕”、不舒服等各种感觉共处。然后很多答案自己冒出来了。甚至当遇到财务危机时，我居然能让自己放松睡觉，最后一些神奇的指引竟然真的出现。

我真的从一个个“危机”中渡过了。我不再沉浸于痛苦，甚至会找一些朋友分享这些，也让他们从中受到了启发。我，不再把眼前的困境当成可怕的敌人。

没有任何话语能表达我对克老师与他的太太素梅老师、翻译吴大雅、穗平姐、吴爸、曾妈的无边感激，感谢七年来与学长学友们牵手共度的时光。感激卡卡3000的信任与陪伴。在困境中是你们的爱让我看到我的究竟所是，以及我们大家的“一体性”、我们内心的海洋。

——王辉

寻回灵动的自己

我是一个习惯固有思维和信念的人，曾被台湾的曾妈斥为活在脖子以上的家伙。我习惯于用头脑去评判处理与外界的关系连接，内心世界被所谓的经验、固有思维、信念层层包装起来来应付外面的世界，有脑无心。那种情况下感觉安全而良好，另一方面却困扰于亲情关系以及内在的困惑，时常感觉很累，总是觉得似乎少些什么。

今年4月中旬，幸聆克师在郑州的一次演讲，即被克师挥

洒自如、无碍互动的风采所感染，他讲的一切与我内在的期待相应。

五天的学习，克师直指焦点问题（关于亲密关系、信念、情绪、财富等），通过课程设计，让一个个问题自然呈现出来，让学员们感受到、体验到、了知到问题背后所隐藏的奥秘，从而使我慢慢醒觉过来，在不知不觉中抹去旧有观念和思维。他把更加真实的一面显现在我们面前，特别让我感动的是克师能察觉到每个人在当下的内在问题所在，并孜孜于帮助他们化解问题。

课程将结束时，克师敏锐察觉到我的心结所在，为了启迪我，特意又帮我走了一遍过程，让我豁然开朗。我学会了用觉知打开生命体验的空间，摆脱思维和信念控制下的小我，让自己活在当下，觉知当下的体验感受，从而回归自性真我，学会接纳，让久久压抑、封闭的能量（内在的伤痛和爱心）得以流动释放，内在的对抗渐渐消融，我学会了欣赏，让心灵得以自由、开放。

世界看似复杂，其实也很简单，生命智慧的终极是自性心灵与真我的回归，在生命的体验中洗尽铅华，重回自然状态，自性心灵蕴含无穷无尽的生命基因和能量，开启它、觉悟它，生活自会别有一番滋味。

——王伟

生命本来至美

提到克老师，内心总是满满的感动，读克老师的文字，经常会泪流满面。他平和的语言，温暖纯净如婴儿般的眼神，纯真的笑容，稳重、幽默、可爱的举止……处处流淌着温暖的无条件的爱。

如果没有遇到克老师，或许我的人生不会有如此多的感动和喜悦，或许我还习惯在数不尽的悲伤而表面似乎很精彩的故事里绕来绕去，一次又一次地错怪生命的安排，无法看到生命本身的美。

克老师一直用那么简单朴素的、时不时夹杂幽默感的语言，把生命的真相如此美丽地呈现。最让我惊叹的是，透过克老师，我慢慢体验到，人生竟然可以没有任何的“错误的安排”！

我曾经以为，我的人生剧本是悲摧的：很小的时候父母离异，

这带给我无尽的恐惧和痛苦。我一直以为那是父母的错，是老天的错！我经常抱怨这是为什么，为什么！内心一直痛苦不堪，痛苦随着时间的推移越来越多，对父母有了更多的责怪，觉得如果在我儿时他们不带给我那么大的痛苦，我就不会重复这样的痛苦，我的婚姻和事业就都可以很如愿！我觉得这些都是命运的错误安排，我的人生真是太悲惨了！我盘旋在痛苦的黑暗中，找不到出口！

很幸运，我的生命设计里，有克老师！

慢慢地发现，我之所以陷在痛苦里出不来，是因为我要么怪罪别人要么怪罪自己，沉迷在自己的情绪里，不愿意去触碰伤痛，把感觉推开了，把力量推开了，也把爱推开了！

曾经的我，只要不舒服来了，就会自动启动逃避模式，要么指责别人，要么指责自己。在情绪里游荡，宁可停留在头脑的思考里，也不愿意去触碰自己内在的感觉。那些不舒服的感觉，真的糟透了！于是我通常用发火、愤怒的表现发泄出来，不仅伤害了别人，也伤害了自己，但问题也还是无法解决。

而克老师为我揭示了生命的真相。不然我要花更长的时间，甚至等到离开世界的那一刻，我都不会明了：每一个发生，都是生命的完美设计。

曾经，我认为我的婚姻也是不幸的，后来我终于明白了，就像克老师说的，离婚了，痛苦就没有了吗？逃避这个痛苦，却要面临新的痛苦？这个过程非常艰难。很幸运，我和老公在最后都选择对自己负责，去面对自己内在的伤痛，重拾力量，拆开这个包装有点吓人的生命礼物。我们现在的每一次争吵，经常会以相拥而泣结束，内心充满了对对方的感激，对生命的感激。

其实，生命的一切都没变，我还是和我的老公一起生活工作，几乎二十四小时都不分开，我还是做着自己热爱的瑜伽事业，可是，生命的一切又都改变了。我越来越感恩、欣赏我的老公，越来越感恩生命带来的所有体验，内心越来越喜悦，我越来越柔和，却也越来越有力量！

无限感恩于克老师和夫人素梅老师，让我看到、体验到，生命的一切，都是完美的设计！

——无念

克老师印象

能为老师写一篇文章我真的非常开心。我真的非常庆幸自己能遇见这么智慧、真实的老师，并能与他一起工作。

用简单的词形容克老师，他是个非常智慧、幽默的老头。作为老师的助理，与他私下在一起的时间比学员们要多。他丝毫没有架子，还经常会与我开玩笑，跟老师一起工作是轻松快乐的。

记得一次我在为老师的一场演讲准备开场音乐，但电脑打不开了，我跟老师说电脑可能坏了，老师便把我的电脑拿到一边准备扔在地上。当然只是做做样子，哈哈。这个玩笑有点冷吧。后来老师在2016年5月的课程里面说，逗我玩是一件有趣的事情。其实老师把这种幽默感在课程里面发挥得淋漓尽致，效果也是极好的。

2015年9月我开始在外地上班，回家的时间很少，父母就成了最重的心事。2016年4月，长沙的两天课程期间，爸爸妈妈来长沙看我，四天后他们自己离开，离开那天我妈妈只给我微信留言说他们回武汉了。当时我整个人就不好了，一边流着眼泪一边工作。下课后老师看到我就问："你怎么啦？"（当然是用英文问的）我回答道："我爸爸妈妈回武汉了。"不舍的眼泪一直往外涌。老师什么也没有说，只是站在一旁，把手放在我的后背，默默地陪伴我，正常情况下，这是老师下课回房间休息的时间。

老师在平常生活中的观察视角与其他人有很多不同。记得有一次老师在上课时谈到一个亲子关系的案例，他在餐厅用餐，旁边餐桌的小女孩在唱歌，连小女孩的父母都说小女孩太闹了，但他认为那小女孩的歌声真的非常动听。其实生活中这些事情经常发生，只是我们没有站在另一个角度去看待。

讲到这里我想说的就是，克老师在生活中比一般人更容易发现美。克老师和他的夫人素梅老师都非常喜欢大自然，当他们面对大自然时就充满赞叹与喜悦。我的生命当中有克老师的出现，也是让我非常赞叹的一件事，因为这种遇见，让我开始长大。

长大，WOW……

——张欣